汽车销售业绩提升书系

88种实战情景

180个销售绝招

208例销售妙语

上午学完，下午能用！

妙语连珠

汽车销售实战情景训练

著名营销教练
业绩提升专家

肖晓春 著

机械工业出版社
CHINA MACHINE PRESS

本书根据汽车销售人员实际工作中遇到的具体问题，大量采用汽车销售第一手实战案例，将实战的销售技巧与销售妙语贯穿于销售流程之中，通过案例讨论、情景模拟以及实战问题诊治等方式，让读者全程参与，切身体会并掌握行之有效的销售实战技巧与方法，从根本上把握与推进客户购买进程，快速提升汽车销售成交率。本书包括88种实战情景，180个销售绝招，208例销售妙语。在销售人员与顾客的交流中，一些看似棘手的甚至有些苛刻的问题，经肖老师睿智的点拨，便轻松巧妙地化解了，引导顾客朝缔结成交的方向迈进。

这是一本十分奏效的实战性书籍，它会使您在与顾客交流的过程中时刻把握主动，实现销售业绩的快速提升！本书适合于4S店店长、汽车销售经理以及汽车销售顾问等人员参考阅读。

图书在版编目（CIP）数据

妙语连珠：汽车销售实战情景训练/肖晓春著. —2版.
—北京：机械工业出版社，2011.9（2017.11重印）
（汽车销售业绩提升书系）
ISBN 978-7-111-35691-2

Ⅰ.①妙… Ⅱ.①肖… Ⅲ.①汽车—销售 Ⅳ.①F766

中国版本图书馆CIP数据核字（2011）第172564号

机械工业出版社（北京市百万庄大街22号 邮政编码100037）
责任编辑：管晓伟 责任校对：王 欣
封面设计：鞠 杨 责任印制：常天培
涿州市京南印刷厂印刷
2017年11月第2版第7次印刷
169mm×239mm・16印张・251千字
11201—16700册
标准书号：ISBN 978-7-111-35691-2
定价：39.80元

汽车销售业绩提升的解决之道

肖晓春

恭喜您，亲爱的读者朋友：您现在阅读的是价值万金的企业内部培训学院教程，来源于顶级汽车企业中国市场一线实战，囊括国际领先的汽车营销、营销管理与培训模式精华，包含核心流程、高效方法、实战技巧以及操作细节，确保您上午学完，下午就能使用。

汽车销售人员是顾客在店面接触的第一件“商品”，客户到底购买谁家的汽车，在很大程度上取决于销售人员的言谈举止和销售服务水平。汽车销售人员可能每天都少卖了三五辆车，甚至在无意识中驱赶了顾客，可他们自己及其老板却浑然不知！其实这一切都源于汽车销售人员采用了不合理的沟通方式与习以为常的销售习惯。

目前中国80%的汽车企业和4S店，对销售人员普遍缺乏专业、系统和有效的培训！因此，对汽车销售人员进行专业的销售技能培训，是汽车企业与4S店能够胜出的最简单、最有效的措施，也是低投入、高产出、快回报的投资之一！

本书是“汽车销售实战情景训练”课程的完整教材，其精彩内容没有任何删减，包括88种实战情景，180个销售绝招，208例销售妙语，上午学完，下午能用！本书根据汽车销售人员实际工作中遇到的具体问题，大量采用汽车销售第一手实战案例，将实战的销售技巧与销售妙语贯穿于销售流程始终，通过案例讨论、情景模拟以及实战问题诊治等方式，让读者全程参与，切身体会并掌握行之有效的销售实战技巧与方法，从根本上把握与推进客户购买进程，提升汽车销售成交率！

《步步为赢：汽车销售顾问职业化训练》一书，是“汽车销售天龙八步”培训课程的完整教材，是多名专家跟踪调研数百位销售精英，潜心研究并总结出的销售业绩提升解决方案。多年实战证明：天龙八步，步步为赢：业绩提升，立竿见影！有趣的是，原来以为自己业绩不太可能大幅度增长的销售人员，参加培训后，学习“天龙八步心法”，把自己激励成“超人”，并修炼出拥有婴儿般的微笑、超级赞美不露痕迹等销售心法，3个月内业绩提升30%！进一步研习“天龙八步技法”，钻研USP商品独特卖点的提炼、FABE精准切中顾客需求等销售技法，半年内业绩劲升50%！最后进修“天龙八步战法”，掌握关联套路法，切入顾客频道以及解除客户异议的万能公式等销售技法，1年内业绩飙升100%！

"汽车销售业绩提升书系"的出版，要感谢机械工业出版社汽车分社社长杨民强先生的大力支持，特别是策划编辑管晓伟老师及其同事们的辛勤劳动，我们在编撰往来中碰撞出不少创意的火花，对此表示最真挚的感谢！

感谢我的合作伙伴张果宁、林川、龚震波、叶素贞、张建华、郎春敏、孔繁雪、李巧仪、李利珍、刘红梅、丛珊、肖艳芳、叶艺明、孙桂生、刘少芝、林丽梅、何丽秋、叶伟驱、林月好、肖建芳和王娜，感谢他们的支持与付出。

由于每个企业的实际情况有所不同，我们可以为读者朋友的企业提供量身定做的企业内训及"销售服务沟通解决方案"、"门店业绩提升解决方案"、"连锁店督导与培训解决方案"，联系交流邮箱：f6868@126.com。

恭祝所有的新老朋友们百尺竿头，更进一步！

著　者

目　录

鞋合不合穿只有脚知道，车合不合意只有试乘试驾后才能确定。在客户参与试乘试驾的过程中，销售人员需要主导客户的注意力，控制谈话的主动权，引导客户对试乘试驾的车辆作出正面积极的体验评价。

价格异议是客户买车前故意放出的烟雾弹，也是客户讨价还价的最后一道防线。汽车销售人员应从材料、工艺和售后服务等方面证明价格的合理性，或者在紧要的关头提供赠品补偿或象征性地降价。

乔·吉拉德说"争取成交就像求婚，不能太直接，但你必须主动。"销售人员要擅于识别客户的成交信号，抓住客户的心动时刻，灵活运用促成的技巧与方法，踢好销售成交的"临门一脚"。

业界有一句名言"第一辆车是销售人员卖出去的，第二、三辆车是售后服务人员卖出去的。"良好的售后服务和对客户怨诉的及时处理会使新客户变成老客户。优秀销售人员业绩的60%来源于老客户，如果你拥有一大批忠诚的老客户，就等于给自己栽下了一棵棵摇钱树。

你是否见过病人跟药师说："我要买自己听说的药，不买你推荐的药"？你是否见过病人对手术医生说："我的手术要这样做，不要那样做"？因为专业，所以权威！医生拥有专业的知识和技能，赢得了病人的完全信赖与尊重。汽车销售人员必须像医生一样的专业，彻底了解自己销售的汽车的专业术语，才能赢得像病人对待医生一样的信赖与尊重。

一、展厅接洽寒暄

接洽寒暄就是要说好客户进门的第一句话。当意向客户走进陌生的汽车展厅，内心因缺乏安全感而处于防范戒备状态时，寒暄就如同一颗润喉糖，瞬间就会给客户带来清凉和舒适的感觉，让双方的关系立即变得友好、融洽。

实战销售情景1：

寻机自然接近客户

常见应对

1. 您好，有什么可以帮到您？

2. 见到客户进门就寸步不离地跟着。

3. 让客户自己看，不搭理客户。

诊断分析

“您好，有什么可以帮到您？”没有人会愿意承认自己需要帮助的，这句话会让客户反感，从而对销售人员产生抵触情绪。

“见到客户进门就寸步不离地跟着。”这种对客户过度热情的行为会让客户感到压抑、无所适从，甚至产生反感而“快速逃之夭夭”。

“让客户自己看，不搭理客户。”这样怠慢客户，会给客户留下不受欢迎、不被重视的感觉。

导购策略

为客户提供热情的服务是每个汽车销售人员的职责之一，对客户热情是必须的，但一定要掌握一个合适的尺度。当客户进门时，销售人员应该使用礼貌用语与之打招呼，以示对他的尊重，要注意语音语调，真切地传递出热忱的服务态度！

与客户打过招呼后，销售人员应该让客户自由自在地观看，自己与客户保持恰当的距离，这个距离应该在1.5～2.0m，因为距离太近会给客户带来压力，而距离得太远则听不清楚客户的话。在接待客户的过程销售人员一定要学会察言观色，在保持微笑的同时用目光留意观察客户的一举一动，寻找合适的切入点自然而然地接近客户，当他们出现需要服务的信号时及时上前解说或其他服务。

妙语范例

两男一女三个客户走进展厅，销售人员小刘马上迎了上去。

小刘：“三位好，欢迎光临××汽车××店！”

三个客户没有理会，径直走向展车。

其中一个客户：“这款就是我跟你们说的那台新款××。”

……

三个客户边说边看，小刘带着工具包，一直微笑着跟在三人身后，没有说话。

三个客户围着车看了很久，其中一位忍不住拉开车门，想坐上去试一试。

小刘：“来，先生，我来打开！”说着快步走上来，协助客户拉住车门，顺手用另一只手挡在防水条处。（利用客户打开车门的契机自然接近，与客户建立起互动）

小刘：“先生，座椅可以调一下，对，这样舒服一些。对，方向盘可以调节……”

小刘：“我是这里的销售顾问刘力，这是我的名片，您叫我小刘就行，请问先生您贵姓？”

客户：“我姓何。”

小刘：“何先生，很高兴为您服务！这两位是？”小刘说着，分别向另外两个客户递上了自己的名片：“刘力，请多多关照！您贵姓？”

客户：“我姓陈。”

小刘：“陈小姐，欢迎。”

客户：“我姓王。”

小刘：“王先生，欢迎！”

小刘：“几位对新款的××挺感兴趣的，我简单向几位介绍一下吧？”

肖老师小结

自然接近客户的时机：

- 客户正要打开车门。
- 客户试图打开行李箱后盖。
- 客户贴近车窗观看车内。
- 客户专注看车型配置表。
- 客户回头张望寻找销售人员。

实战销售情景2：
客户进入展厅后四处张望

常见应对

1. 您好，请随便看看！
2. 您好，有什么可以帮助您的吗?
3. 您好，请问您想看什么样的车?
4. 您好，这边是我们店最新款的车。

诊断分析

“您好，请随便看看！”属于消极性语言，给客户灌输了一种“看看就走”的潜意识，暗示客户随便看看，看完就走。

“您好，有什么可以帮助您的吗？”及“您好，请问您想看什么样的车？”这类问题比较空洞，让客户无从回答，他们一般不喜欢回答这类问题，以免落入导购设计的圈套。

“您好，这边是我们店最新款的车。”这句话会让客户提高防范心理，担心说多了会被导购抓住把柄。因此，在没有了解客户的需求之前，这句话相当于废话。

导购策略

每一个走进汽车展厅的客户，都是具有一定购买意向的潜在客户。当客户进入展厅后四处张望，说明他在陌生的环境中缺乏安全感，心理上处于紧张戒备状态。而且，这类客户对汽车还比较陌生，没有购车经验，希望寻找销售人员的协助。

在这种情况下，销售人员的首要任务就是减轻客户的心理压力，基本动作就是主动迎上去与客户打招呼，以积极性的语言让客户知道“买不买车没有关系，我们都会提供让您满意的服务”，帮助客户消除紧张感，引导客户放下防范意识，营造一种放松、友好和活跃的交流氛围。

妙语范例

销售人员：“先生/女士，欢迎光临！您是第一次到我们车行吗？这是我的名片，我叫刘小贝，卖车已经5年了，很乐意为您服务。您来到这里就是我们的客户，买不买车没有关系，我会尽我的所能为您提供帮助。您是自己先看看熟悉一下，还是让我有重点地给您介绍？或者您也可以先到休息区坐下来喝杯茶，我给您拿些资料看看？”

销售人员：“您好！欢迎光临！买车一定要多了解、多比较，买不买没有关系，您可以先看看我们的车，多了解我们的品牌。这是我的名片，我叫刘小贝，您来到这里就是我们的贵宾，不管您买不买，我都应该努力让您满意。您是想自己看看还是让我为您介绍一下？”

销售人员：“您好！欢迎您的到来！来了就是客，这是我的名片，我叫刘小贝，能为您效劳是我的荣幸。买车是一笔不小的开支，多了解多比较是很有必要的。买不买没有关系，我会尽我的所能为您提供资讯与服务，让您对我们的车有更全面的了解。您是先逛逛看看，还是我陪您一边看一边介绍呢？”

肖老师小结

- 主动与客户打招呼，表达欢迎之意。
- 呈递名片，简单做自我介绍。
- 表明对方是客户，买不买车没有关系。
- 为客户提供行动的选择方向：逛逛、听讲解或休息。

实战销售情景3：
客户进入展厅后直接看车

常见应对

1. 您好，请问您想选购什么样的车?
2. 您好，喜欢的话可以坐进车内试试!
3. 您好，这款车很不错，我为您介绍一下吧?

诊断分析

“您好，请问您想选购什么样的车?”这样的提问太大太空洞，让客户难以回答。

“您好，喜欢的话可以坐进车内试试！”这类缺乏创意的语言相当于废话，因为买车对于客户来说是一笔较大的支出，通过观看及试乘试驾来详细了解汽车的各项性能是必然之举。

“您好，这款车很不错，我为您介绍一下吧？”这样的提问说明销售人员缺乏专业知识，看见客户看哪辆车就说哪辆车不错，结果会导致客户对销售人员的不信任。

导购策略

客户进入汽车展厅后直接看车，说明客户已经在其他地方看过车了，熟悉购车的程序，但对所到的车行比较陌生，在看车时等待销售人员主动接近。对于这类直接看车的客户，销售人员与其接触的第一句话将非常关键，因为客户往往凭借这句话来衡量销售人员的水平。

销售人员在接触此类客户时，关键是要引起客户谈话的兴趣，例如可以通过赞美来取悦客户，客户心理上满足了，就乐意与你交流。

妙语范例

销售人员：“您好！我看您肯定是位识货的行家，您进来6分钟，看这辆车就看了5分钟，这可是我们展厅配置最全的多功能商务车，它接送客人比轿车效率高，运送货物的灵活性也大，您是业务上需要这样的商务车吧？”

销售人员：“先生/女士，您真是非常有眼光，这款世界小型豪华轿车是我们品牌中最受顾客欢迎的一款，自推出以来无论欧洲人或亚洲人都喜爱它简洁、优雅的车体造型和线条，其流线型的设计在豪华家庭轿车身上留下了运动车的影子。另外，它的车厢内做工更达到前所未有的高水平，令人一坐进车内，便感到制作和用料的天衣无缝。这不是我胡说的，您可以坐进去体验体验！”

销售人员：“您好，您肯定懂车而且眼光独到，这车是微轿中空间最大、同价位中配置最全的，它操纵灵活、动力也好，是大众都买得起用得起的好车！您可以打开车门感觉一下车内的空间，看看它的配置。”

肖老师小结

赞美客户，让其感觉“自己不一般”。

简介车的特色，让客户感觉“自己所看的车不一般”。

鼓励客户去接触、去体验汽车。

实战销售情景4：
客户提出“你别跟着我，我自己随便看看”

常见应对

1. 好的，那您随便看看吧。
2. 对不起，那您自己先逛逛吧。
3. 哦，我只是以为您需要帮助。

诊断分析

“好的，那您随便看看吧。”和“对不起，那您自己先逛逛吧。”属于消极性语言，暗示客户随便看看，看完就走。

“哦，我只是以为您需要帮助。”没有人会愿意承认自己需要帮助的，这句话会让客户反感，从而对销售人员产生抵触情绪。

导购策略

为客户提供热情的服务是每个汽车销售人员的职责之一，但是客户一进展厅的门，销售人员就寸步不离地跟着客户，对客户热情过度反而会让客户无所适从，甚至会产生反感而“快速逃之夭夭”。而客户提出要自己先随便看看，有可能是掩饰自己对车并不熟悉的事实，希望通过熟悉展厅环境来缓解自己的紧张心情。

因此，对客户热情是必须的，但一定要掌握一个度，当客户进门时与之打个招呼，以示对他的尊重，然后就让他们自由自在地观看，自己则可以回到正常的工作岗位上，用目光留意观察客户，当他们出现需要帮助的信号时及时出现就可以了。

妙语范例

销售人员：“好的，那您自己先看看，熟悉一下我们的展厅，买不买没有关系，有什么问题请随时叫我，能为您效劳是我的荣幸。”

销售人员：“好的，您放心吧，我不会再打扰您的。您现在可以多看看，多比较，有什么疑问或需要就随时叫我。”

销售人员：“没问题，您先自己看看，有需要就招呼我一声，不管您买不买，我们都会很好地为您服务。”

销售人员：“好的，既然您想自己安静地看看，那我也不打扰您了。我在前面服务台整理些资料，您有需要就喊我一声吧。”

肖老师小结

尊重客户的选择，通过积极性的语言安抚客户的紧张情绪。

留意观察客户，如果客户较快地拉开车门或试图打开车后盖，说明客户对车辆比较熟悉，购买的可能性较大。

如果客户贴近车窗观看车内或专注看车型配置表，则说明客户不太熟悉车辆，需要给予详细的讲解和足够的沟通。

实战销售情景5：

客户进入展厅看着一辆车就询问价格

常见应对

1. 这辆车的总价是12万元！
2. 这辆车正在做促销，优惠价是8.7万元。
3. 这是最新款，总价是25万元。

诊断分析

客户在初期的接触中，直接问价是自然反应，他不是为了购买而问价，而是习惯性地搜索产品的价值信息，作为心中的一种价值参数。

当客户直接问价后，销售人员回答“这辆车的总价是12万元！”、“这辆车正在做促销，优惠价是8.7万元。”以及“这是最新款，总价是25万元。”这几种回答都是错误的，因为客户的第一反应肯定都是“太贵了！还可以便宜多少？”

导购策略

客户直接询问价格是正常的，是人们的惯性使然。直接问价的是价格导向型客户，在销售人员回答了价格之后，客户的逻辑回答就是“太贵了，应该还可以便宜”。这样，销售人员就没有任何解释的空间了，客户也不会给销售人员解释产品的技术或性能独到的领先之处的机会。

所以，对于客户随意的单纯询价，宜采取“制约”策略，即制造“贵”的理由，引导客户继续追问，再说出具体的价格，从而成功地将谈话的主题从价格转移到产品性能等问题上。只有在确认客户了解这款车的品牌和型号之后，销售人员才可以与客户谈论价格。

妙语范例

销售人员：“您真有眼光，您看中的可是这个月最新推出的款式，是目前欧美最流行的车型，价格可不便宜，挺贵的！”（此时要暂停，将沉默留给客户）。

客户：“那到底是多少钱呀？”

销售人员：“哦，这么说吧，按排量计算是60元/mL。”

客户愕然：“那这车的排量是多少毫升？”

销售人员：“这款车的排量是1.6 L，油耗相对较低，总价为9万多吧。”（销售人员采用这种“制约”策略，完全主导和控制了谈话的范围与内容，接下来客户肯定会问关于“排量”与“油耗”的相关问题，顺理成章地给了销售人员一个解释产品性能的机会）

销售人员：“您真是识货之人，一般人是不懂得欣赏这种风格的越野车，它由轻型多用途军用越野车演变而来，底盘高，越野性能好，当然价格可不便宜，还挺贵的！”（暂停,沉默等待客户的追问）

客户：“那究竟是多少？”。

销售人员：“大概每公斤100元吧。”

客户：“啊？这车多少公斤？”

销售人员：“这款车总重量为1770kg，所以总价是17.7万。”

（沉默片刻）

销售人员：“这款车确实比较重，因为它的底盘厚实稳重、钢板厚1.2mm，驾驶起来稳定、安全！不像有些车的钢板很薄，只有0.8mm，用手一按就有一个坑，驾驶起来轻飘不说，还不能碰，稍稍碰一下就会瘪。所以买车前一定要问清楚轻重，选安全系数高的才有保障！”

客户：“车重不是很耗油吗？”（客户自然会提出诸如此类关于性能、配置等问题让销售人员解答，销售又成功向前推进了一步）

肖老师小结

客户直接问价后的回答要知难而上，先说贵，等客户继续追问时再回答具体的价格。

报价时神态、语气应自然亲切，底气十足。

报价金额尽量不要为整数。

要预留议价的空间，报价后不要轻易掉价。

实战销售情景6：

客户没有听说过你们的品牌/公司

常见应对

1. 不会吧，我们的品牌/公司您都没听说过？
2. 那太遗憾了，我们都拥有五十多年历史了！
3. 从今天开始您就知道我们了。
4. 哦，可能是因为我们进入市场的时间不长吧。

诊断分析

“不会吧，我们的品牌/公司您都没听说过？”及“那太遗憾了，我们都拥有五十多年历史了！”这两句话会让客户误以为销售人员讽刺他孤陋寡闻，容易导致客户产生对立情绪，不利于营造良好的销售氛围。

“从今天开始您就知道我们了。”这句话会让客户觉得没有面子，甚至产生反感。

“哦，可能是因为我们进入市场的时间不长吧。”这句话表面看好像很有诚意，但对销售人员接下来的销售很不利。

导购策略

客户提出“没有听说过你们的公司/品牌”，也许这只是一个借口，也许是真的没有听说过，但背后透露出的信息就是对你的公司和品牌，甚至是接待的销售人员的不信任。销售人员应该认同和理解客户的感受，并用事实去说服客户，恢复客户的信任感。因为如果没有信任感，所有工作都无法展开。

妙语范例

销售人员：“您的这个问题很多客户都问过，您没有听说过我们的品牌/公司是很正常的，因为我们基本上不做电视广告，在每一个国家都是这样，它完全靠良好的口碑生存，而且已生存了15年了。你看，这是我们的各年份的产品介绍。”（同时递上相关资料）

销售人员：“这不奇怪，因为您的这个问题每天都会有几个人问到。您知道，有很多从事汽车销售业务的各种公司，我们的知名度虽然不及许多在电视上做广告的公司，但是我们是专门办理汽车销售业务的公司。您看！这是我们的代理证书以及客户名册。”

销售人员：“您的这个问题很多客户第一次来时都会问到，事实上我们的品牌进入中国还不久，不过在欧美发达国家已家喻户晓，我们品牌发展已经有十多年历史了，很多大的车行都应该有销售，你可能是平时不太留意吧？”

肖老师小结

- 销售人员自己应具备充足的信心。
- 用事实说服客户，恢复客户对我们的信任感。
- 事先准备好相关的报道、画册等有说服力的证明资料。

实战销售情景7：
客户不愿意告知自己从事的职业

常见应对

1. 您是做哪一行的？
2. 请问您是从事什么职业的？
3. 您是老师吧？

诊断分析

“您是做哪一行的？”及“请问您是从事什么职业的？”这样的提问太唐突，在双方还不是很熟悉的情况下，容易引起客户的警惕，客户会想我是什么职业与买车有关系？于是客户会说：“别管我是什么职业，您介绍车就行了。”这样销售就陷入僵局了。

“您是老师吧？”对于这种简单的封闭式提问，客户只能回答“是”或者“不是”，如果销售人员没有猜对客户的职业，那客户很可能也会说“别管我是什么职业，您介绍车就行了。”同样又会陷入僵局。

导购策略

明确了客户所从事的职业，有利于扩展销售人员与客户的谈话内容，也有助于销售人员准确估计客户的收入、购车预算和购车用途等。但太直白的提问容易引起客户的反感，较好的策略是“推测职业+原因解释”，用巧妙的赞美卸去客户的心理防备，自然而然地告诉你他所从事的职业。

妙语范例

客户：“你说说这款车最大的优点和不足之处分别是什么？”

销售人员：“这款车最大的优点是安全性一流，不足是比较耗油。陈先生，我猜您一定是记者吧？”

客户回答1：“我不是记者，我是会计师。”（提问的目的达到）

客户回答2：“我不是记者，你别管我是做什么的，从安全性开始介绍就行了。”（对于这种回答，销售人员必须给予以下适当的解释）

销售人员：“您别介意，因为前几天有个客户也买了这款车，走的时候告诉我他们电视台的首席记者这两天也会过来买一台。我看您气宇轩昂，提问题又准又尖锐，还真的以为就是您呢。那您是律师吧？”

客户：“我也不是律师，我是做企业培训的。”

销售人员：“您是上周参加中央电视台‘非常6+1’节目表演民族舞蹈的演员吧？”

客户：“不是，你认错人了！”

销售人员：“您跟那个演员不但身材相貌很像，连身上流露出来的艺术气质也一模一样，您是搞艺术工作的吧？”

客户：“对，我是搞舞台艺术创作的。”（如果客户还不说出自己的职业，应该继续猜测）

肖老师小结

要勇于猜测客户的职业，勇于向客户提问。

对猜测客户身份的解释要求真实、可信和详细。

为了明确客户的职业，要锲而不舍地追问。

实战销售情景8：

客户爱理不理，提不起谈话的兴趣

常见应对

1. 您想看什么车，我为您推荐一下，好吗？

2. 您不说出您的想法，我怎么帮您？

3. 您好像心情不好，是吧？

诊断分析

“您想看什么车，我为您推荐一下，好吗？”这样的提问比较空洞，客户难以回答，只会加重客户的防备心理。

“您不说出您的想法，我怎么帮您？”这类问话会让客户产生好像自己做错了事情，有被责备的感觉。

“您好像心情不好，是吧？”在双方不够熟悉的情况下，客户会拒绝回答这样的提问，继续对抗的状态。

导购策略

销售人员与客户在初期的接洽中，经常会遇到客户摆出一副爱理不理、拒人于千里之外的模样，让销售人员很纳闷，不知应该如何应对。实际上，这类客户只是由于对你的产品认知不够，害怕言多必失遭受损失，而并不是否认你的产品。他摆出一副不可侵犯的样子，只是想掩饰心里的不安，保护自我而已。

在双方还没有互相信任的前提下，客户是不愿意去获知产品的特性与价值的，更别想他会对你表露热情。要想祛除客户的防备心理，销售人员需要先做感情的投资，谈话时尽量不要谈产品，而是谈一些让客户感觉自己备受关注的轻松话题，用巧妙的语言来突破客户的心理防线。

妙语范例

销售人员：“我觉得您在单位肯定是当领导的！”（暂停，微笑等待客户的反应）

客户：“为什么这么说？”或“我哪里像领导？”

销售人员：“您一身灰黑色的商务西装，色彩虽然低调，但一看就知道价值不菲，服装的质感衬托出您保守亲和的个性，浑身散发出令人难以抗拒的君临天下的气质。我想只有身居要职的领导才会在长久的历练中锻造这样非凡的魅力。”

客户：“您真会说话。”（客户的虚荣心得到了满足，心态也变得开放）

销售人员：“奥运圣火明天就要传递到广州了，您会去看吗？”

客户：“不去。”或“去”。

（无论客户如何回答，都可以回答如下）

销售人员：“如果您去看的话，您肯定会看到我们的大众汽车，因为大众已经成为北京2008年奥运会官方电影《北京奥运会》的首席赞助商，为摄影组提供包括迈腾、领驭等主力车型在内的工作用车。而且在奥运会和残奥会举办期间，大众汽车还将提供五千多辆大众、奥迪和斯柯达品牌的汽车给运动员、来宾和工作人员使用。大众品牌旗下的汽车我们车行都有展示，让我来为您介绍一下吧？”（把本品牌的汽车与时事热点结合起来，能有效提起客户的兴趣）

肖老师小结

- 从客户感兴趣的话题入手，不要直截了当谈产品。
- 可以从试探客户的舒服区域及敏感区域入手提问。
- 从最近的新闻、时事和逸闻趣事等入手引发讨论。
- 从客户的外表、言行举止及年龄等话题入手寒暄。
- 不要问隐私的问题，以免令客户反感或难堪。

实战销售情景9：

客户打电话问“你们那款××车……”

常见应对

1. 这款车很不错，最近有很多人来看，请问您什么时候有空过来看一下？
2. 一口气在电话里回答完客户所有的疑问。
3. 没有留下客户的姓名电话就挂电话。

诊断分析

“这款车很不错，最近有很多人来看，请问您什么时候有空过来看一下？”客户对这款感兴趣的车还没有足够了解，销售人员就让其前来看车，这样会让客户产生压力，从而失去听下去的兴趣。

“一口气在电话里回答完客户所有的疑问。”这样做客户所有疑问都得到了解答，会失去继续交谈和到展厅来看看的兴趣，所有问题问完之后客户就会直接挂掉电话。

“没有留下客户的姓名电话就挂电话。”销售人员在接听客户来电的过程中没有留下客户的姓名电话等信息，就失去了下一次联系沟通的机会，实际上就等于失去了这个客户。

导购策略

很多客户最初都是通过打电话的方式和我们进行第一次接触的，当客户打电话来问“你们那款××车是怎样的？”时，通常是客户看了公司的广告后来电咨询的，这时客户是对广告上的这款车子产生了兴趣，想了解一下，然后再决定要不要来看这款车。因此，当客户在电话中提及这句话时，销售人员在回答时应尽量描述出这款车的卖点及亮点，以引发客户来展厅看车的兴趣。

当销售人员第一次接听客户的电话咨询，回答问题时应该有所保留，将重点放在这款车的最大卖点上，以引发客户尽快来展厅看车的兴趣。另外，销售人员一定要掌握谈话技巧，想办法留下客户的具体联系方式。

妙语范例

客户："你们那款××现在正在做××活动，是吧?"

销售人员："先生您说得对，这款车是在做××活动，具体是这样的……，请问先生您贵姓?"

客户："姓张。"

销售人员："张先生，您方便留下电话号码，以便我们保持联系?"

客户："哦，不用了，等我有需要了再联系你们吧。"

销售人员："哦，我当然欢迎您给我打电话，只是现在车市不是很稳定，我想如果公司有什么促销活动可以第一时间通知到您，如果您觉得通电话不方便，我也会以短消息的方式通知您，您觉得呢?"

客户："好啊，降价了就通知我吧，我手机是……"

客户："你好，你们那款××车现在有现货吗?"

销售人员："哦，先生，我得先去了解一下仓库的货源情况，您留个联系方式，我稍后马上给你回复。您的号码是?"(即使知道有现货，也不要直接在电话里告诉客户)

客户："你们那款××的百公里油耗是多少呢？"

销售人员："呵呵，很多人都关心这个问题呢，先生，您贵姓?"

客户："哦，我姓刘。"

销售人员："哦，刘先生呀，您好!很高兴为您服务，我叫陈小伟，您叫我小伟吧，朋友都这么叫。刘先生，您的这个问题确实很关键，今天已经有3个客户都是想了解油耗的。刘先生，小伟可以明确的告诉您，××的油耗是百公里6.8升。"

……

销售人员："这样吧，刘先生，您还是在方便的时候抽空来我们展厅看看样车，小伟随时恭候您的光临!我等会把我的联系电话和展厅详细地址发到您手机上，这样你只要不删除这条短信就可以了，我怕您现在记电话和地址也不方便。以后您有任何关于车的问题，都可以直接找我，您的号码是?"

肖老师小结

- 不要一口气在电话里回答完客户所有的疑问。
- 不要在电话里直接报价格,尽量让客户到展厅来。
- 请客户留下电话，待会再打过去。
- 电话结束后,主动发短信提醒客户。

实战销售情景10：客户很喜欢，但其同伴觉得不是很好

常见应对

1. 这款车外形时尚，配置又齐全，挺好的啊！
2. 这是我们本季的最新款式，怎么不好呢？
3. 不用管别人怎么说，您自己喜欢就行啦！
4. 您朋友的看法已经过时了。

诊断分析

“这款车外形时尚，配置又齐全，挺好的啊！”和“这是我们本季的最新款式，怎么不好呢？”这两种回答都缺乏说服力，并且容易让客户的同伴产生对立情绪。

“不用管别人怎么说，您自己喜欢就行啦！”和“您朋友的看法已经过时了。”这样的回答明显是不给客户同伴面子，容易引起客户及其同伴的反感，导致销售过早地终止。

导购策略

客户参观汽车展厅时往往由家人或朋友陪伴一同前来，我们称之为客户的同伴。客户的同伴虽然没有决策权，但对客户的决策会起着重要的影响作用。所以，在整个接待过程中，不要忽视了客户的同伴，销售人员可以通过用目光关注、赞美和征询意见等方式，与客户的同伴建立友好的关系，共同为客户推荐合适的汽车。

妙语范例

销售人员：“您这位朋友真是行家，而且对您又那么用心，真是难得！我想请问一下这位朋友，您觉得什么样的车最适合您的朋友呢？我想听听您的专业意见！”

销售人员：“您的朋友肯定是汽车方面的专业人士，跟这样的专家来看车肯定能选到一辆性价比很高的爱车！对于您刚才看中的这款车，我想请教您朋友的具体看法，觉得它在哪些方面存在不足呢？我们可以多交流探讨，一起挑选一辆更合适的车啊！”

销售人员：“您这位朋友真细心，而且为您考虑得很周到，能拥有这样的朋友真是太幸运了！我想请教一下（转向客户的同伴），您认为这里的哪一款车型最适合您的朋友？”

肖老师小结

赞美客户的同伴，让客户及其同伴都感受到尊重与重视。

诚恳地请教客户同伴的具体意见。

在销售过程中，始终用目光关注客户的同伴。

实战销售情景11：客户离开前不愿意留下详细的资料

常见应对

1. 请问您为什么不愿意留下资料呢？
2. 别担心，我们会为您留下的资料保密的。
3. 您放心吧，我们不会随便骚扰您的。

诊断分析

“请问您为什么不愿意留下资料呢？”这种直白的问话容易引起客户反感，客户很可能丢下一句“没必要”或“我就是不想留”而离开。

“别担心，我们会为您留下的资料保密的。”及“您放心吧，我们不会随便骚扰您的。”这两句话没有提到对客户资料实质的保障措施，只会提醒客户要保护自己的隐私资料，以免日后被你骚扰。

导购策略

客户不愿意留下自己的详细资料，主要是对接待的销售人员及车行的信任度不够，害怕日后被骚扰，或害怕资料外泄给自己带来不必要的麻烦。想说服客户留下详细的资料，就必须明确告诉客户对于这些资料的具体用途，例如是为了及时告知客户举办的促销活动、邮寄资料等，反正就是从给客户信任和保证入手。

妙语范例

销售人员：“在您离开展厅之前，我希望您能帮我一个忙，我们车行规定对接待过的客人需要填写这张表，一来是对我的接待工作进行考核，二来是我们会不定期的策划一些试乘试驾、促销等活动，我们希望能及时邀请您过来参加。对于这样一个举手之劳，您能帮帮我吗，不然我又要受批评了？”（把笔和表递到客户面前，以自己的诚心打动对方）

销售人员：“我们留下您的联系方式是为了方便下次进行电话回访，如果您留下通信地址，就可以不定期地收到我们品牌的时尚月刊；如果您把生日日期留下的话，就可以在您生日时得到一份惊喜的生日礼品。您放心吧，我们车行连续5年都获得了顾客最满意十大经销商的荣誉，我们绝不会随便打扰您或者把您的资料外泄的，我们请您留下详细信息只是为了更好地为您服务！”

销售人员：“我们车行会陆续举办各种各样的联谊或优惠活动，届时会为到会的老客户赠送一些礼品，所以想麻烦您留下详细的信息，到时候我将第一时间通知您。”

销售人员：“既然您不方便留下您的资料，那请您留下我的名片，如果有问题或有什么要求，请随时打电话给我们，我们尽可能为您服务让您满意为止。”（如果几经努力,对方还是不愿意留下资料，则一定记得要送上名片）

肖老师小结

- 用真诚去打动客户，请其帮忙填写资料，且是公司的规定。
- 告诉客户只是在有活动或者公司有礼品送的时间才会联系客户。
- 留几个不好回答的问题作为下一次回访客户的借口，然后以此为理由让客户留下联系方式。
- 请客户填写表格，而且明确告诉客户不会骚扰他，也不会把他的资料透漏给别人。
- 尊重和保护客户的个人信息，建立与客户之间的信任关系。

二、客户需求发掘

发掘客户的需求就是一次耐人寻味的寻宝过程，销售人员事先要做好各种准备工作，面对客户时通过“望、闻、问、切”为客户的需求把脉，灵活运用各种方式引导和推动，最终把客户自己清楚或不清楚的潜在需求发掘出来。

实战销售情景12：客户选车重点考虑哪些因素

常见应对

1. 您怎么会不知道自己选车重点考虑哪些因素呢？
2. 那您现在想啊，是注重安全性、舒适性还是经济性？
3. 那您想好再告诉我吧！

诊断分析

“您怎么会不知道自己选车重点考虑哪些因素呢？”这种带有质问性质的问话容易引起客户的反感。

“那您现在想啊，是注重安全性、舒适性还是经济性？”前半句话是强迫客户的行为，后半句话是卖弄自己的专业性，这样的提问只能引起客户进一步的对立情绪。

“那您想好再告诉我吧！”这句话表面上好像很客气，但潜在的意思是责怪客户反应迟钝，不配合你的工作。

导购策略

通过询问客户选车时重点考虑哪些因素，可以有效收集客户的信息，了解客户的需求。销售人员可以从与客户的对话中体会到他在选车过程中的关注点，从而针对客户的购买心理特点推荐符合其需求的品牌和产品。

对于注重安全性的客户，销售人员推荐时应该强调车身的材质、重量、被动安全性装备以及权威机构的安全认证等；对于注重价格的客户，销售人员应推荐实用、性价比高的汽车；而对注重舒适性的客户，则强调配置和内饰等。

妙语范例

销售人员：“您好，您买车时会重点考虑哪些因素？”

客户：“不知道。”

销售人员：“对不起，我问的这个问题有点不专业了。车是大件耐用消费品，投资较大，选车一定要谨慎，一款好车应该关注五个方面，即造型与美观、动力与操控、舒适实用性、安全能力以及超值性的表现。不知道您最在意哪一项指标呢？”

客户：“安全性。”

销售人员：“真是英雄所见略同，全世界超过60%的人都与您的想法一样！安全性对于车主来说是至关重要的。目前，汽车安全方面日系车和欧系车代表两大流派引导着技术走向……”

客户：“经济性。”

销售人员：“您说得太对了！车就是一个交通工具而已，选择在自己能承受价位以内的车就不用担心银子不够使了。而且，车辆的燃油经济性、后期保养费用等也要重点考虑啊！下面让我为您介绍……”

客户：“售后服务。”

销售人员：“您真是有先见之明啊！汽车是耐用消费品，售后服务直接影响着车主购车后驾驶生活的质量。目前在所有品牌中售后服务最好的是……”

客户：“安全性、舒适性、经济型、售后服务、品牌”。

销售人员：“哇!我今天真是碰着行家了！像您这么专业的客户真的不多见，您一定已经不是第一次来看车了，目前有心怡的车型选择没有？”

肖老师小结

以开放式的提问方式鼓励客户提供更多的信息。

对于不想回答的客户应提供几种可供选择的答案。

赞同客户的观点，并说明理由。

自然而然地过渡到推介产品上。

实战销售情景13：
客户购车的主要原因是什么

常见应对

1. 您为什么要买车？
2. 您买车的主要原因是什么？
3. 您买车的主要用途是什么？

诊断分析

“您为什么要买车？”这样的提问语气比较生硬、不够友好，容易引起客户不快。

“您买车的主要原因是什么？”及“您买车的主要用途是什么？”这两种提问后面应加上恰当的解释，尽量让客户信服。

导购策略

不同的客户购车的原因大不一样，大部分初次购车者买车主要用于出行代步，他们往往注重实用性和经济性，选购的目标是初级车；还有相当部分的购车者买车是因为家庭需要或公务需要，他们注重的是配置齐全及舒适性，选购的目标是中级车；另外，还有部分购车者把买车当做身份和地位的象征，他们选购的目标是豪华轿车，注重出众的性能、完善的装备。销售人员通过适当的提问，就可以清楚知道客户购车的主要原因，然后根据客户不同的需求推荐适合的汽车类型。

妙语范例

销售人员：“您买车的主要用途是什么？”

客户：“上下班代步，不想天天挤公交车和地铁了。”

销售人员：“恭喜您就要脱离苦海了，很快就不用像我这样每天乘公交车，挤得像沙丁鱼一样了！如果单纯是为上下班日常代步的话，一般排量在1.5L左右的车型就可以满足您的需要了，我建议您可以关注耗油量低、经济实用的小型车……”

销售人员：“您买车是考虑家用还是商用？”

客户：“业务需要，想买商用车。”

销售人员：“恭喜您啊，买了车之后您的业务肯定更加蒸蒸日上了！买商务车一般注重舒适性和安全性，因为车身比家用车大，所以排量一般都在1.8L以上，您目前有没有心仪的选择？”

客户：“您有什么好车可介绍的？”

销售人员：“别克君威、帕萨特、奥迪A6等都是比较有代表性的商务用车……”

销售人员：“您买车的主要原因是什么？”

客户：“旧车开厌了，想换辆新的。”

销售人员：“换新车好啊，您原来开的是什么车？”

客户：“我原来买的是捷达，开车的感觉还可以，比较省油。但车子内饰方面不太精致，档次也低了点，所以想换一辆车。”

销售人员：“想换什么车呀？”

客户：“欧系车吧。”

销售人员：“欧系车好啊，安全耐用、追求内在的品质、做工非常精细……”

肖老师小结

- 有针对性的发问，从交谈中把握信息点。
- 灵活利用发问方式，逐步引导客户的需求导向。
- 控制与客户的谈话局面，发掘出客户的潜在需求。

实战销售情景14：

客户的购车预算是多少

常见应对

1. 您为什么不肯告诉我您的预算呢？
2. 您告诉我没关系的，不就是一个数字吗？
3. 您告诉我吧，否则我很难为您推荐合适的车。

诊断分析

“您为什么不肯告诉我您的预算呢？”这样说话的语气太生硬，有埋怨和强迫的成分，让客户感觉销售人员很不耐烦。

“您告诉我没关系的，不就是一个数字吗？”这样的语气太具有挑衅性，容易引起客户的不满。

“您告诉我吧，否则我很难为您推荐合适的车。”这句话含有威胁客户的成分，透露出“假如您不说出预算的话，我就停止服务”的意思，这样只会令客户更加反感。

导购策略

客户一般不愿意告知购车的预算，他们往往认为如果暴露了购车预算，就等于主动放弃讨价还价的余地，担心让销售人员掌握价格上的主动权，从而侵害自己的利益。所以在没有互相信任的情况下，无论销售人员怎样套话，客户都不愿意说出预算。

为了让客户抛开顾虑说出购车预算，销售人员需要耐心解释询问的原因，并给出自己的专业建议，从而获得客户的信任。

妙语范例

销售人员：“我希望您不要有顾虑，车行请我来就是要为你们这些客户提供服务的。买车就如同点菜，不同的人需求的差异很大。目前市场上的汽车车型很多，面对词典一样的说明书和搞不懂的数据，您可能挑花了眼。而我就像餐厅里的点菜员，可以根据您的要求和消费的额度给你最专业的建议，不但为您节省时间，还让您明明白白地消费，开开心心地选车。您大概想选什么价位的车呢？”

销售人员：“不好意思，我想知道您考虑什么价位的车，以便我可以有针对性地为您介绍，因为如果每一款车都详细说的话，恐怕会浪费您大量宝贵的时间。您说呢？”

销售人员：“我有个朋友最近买了一辆新车，但他却不开心。”（讲故事,引起客户的兴趣与共鸣）

客户：“为什么？”

销售人员：“因为他最初的计划只是想买一辆总价五六万元的二手车用于上下班代步。但他的同事告诉他五六万元可以买辆新车了。朋友觉得有道理，于是决定不买二手车了，改为买普桑。朋友又说普桑太平常了，不如加两三万元买更好的车。朋友想想也对，于是把购车资金升至八九万元。”

客户：“你的朋友真没主见，后来怎么样？”

销售人员：“他到汽车城选车，导购告诉他八九万元的车只能算入门车，如果再加一两万元，就可以买到更好的车。后来导购又告诉他，如果是自动恒温空调，驾驶时会更舒适；如果CD是六碟，就不需要经常换碟；如果有天窗，兜风时会更惬意……朋友觉得都有道理。车子选定后，车价飙升到十二万元，他把所有银行存款拿了出来才开回了那辆车。朋友银行里没有了余钱，每月养车又需要1000多元，所以心里总是空落落的。”（沉默，注意观察客户的反应）

销售人员：“唉，那都是购车预算控制不好惹的祸啊！所以很多客户来选车时，我都会与他们分享这个案例，提醒他们做好购车预算的重要性。您希望要哪个价格段的车，让我帮您参考一下？”

肖老师小结

- 理解客户的顾虑，对提出这个问题表示歉意。
- 向客户说明询问预算的理由：节省双方的时间、有针对性地筛选出符合条件的车等。
- 给客户解释时应尽量诚恳。

实战销售情景15：
客户想选购什么样的车型

常见应对

1. 您想选购什么车型？
2. 您是想选择经济型车还是豪华型车？
3. 您不可能没有想过选购什么车型吧？

诊断分析

“您想选购什么车型？”这样的提问后面应该加上合理的解释，否则客户会有顾虑，觉得难以回答。

“您是想选择经济型车还是豪华型车？”这样的提问容易让顾客产生误解，觉得销售人员比较势利，特别是选购经济型车的客户会有被看不起的感觉。

“您不可能没有想过要选购什么车型吧？”意思是指责客户在骗你，如果不回答你的问题就是没有购买的诚意。

导购策略

汽车是贵重消费品，因为其价值不菲，所以人们在选购汽车时会更谨慎，往往会在某一价位、档次、车型中间进行“货比三家”。适当地询问顾客，可以使你了解顾客的需要。

在推销具体的车型之前，了解客户的需求非常重要，只有了解客户想选购的车型后，销售人员才可以有针对性地向客户销售。一般情况下，通过向客户问问题，并在询问的过程中积极倾听，可以探知客户的真实想法，发现客户心目中最满意的车型。

妙语范例

销售人员："请问您心目中最喜欢的车型是哪一款？"

客户："我还在看呢？"

销售人员："不好意思，打扰了您！我只是想给您参谋参谋，一般人选车时首先会考虑车子的主要用途和使用方向，定好这个基调才好决定选择哪类车。接下来，就可以根据自己的经济能力圈定车的价位区间，将区间内所有满足条件的车型列举出来比较，您觉得呢？"

销售人员："请问您心中的爱车属于哪种车型？"

客户："我还在考虑中。"

销售人员："您做事真周详，多看多比较后才决定也是对的！其实我们展厅里的车型很齐全，我对每一种车型虽然说不上了如指掌，但心里还算有谱，要不我帮您参考参考？"

销售人员："请问您主要想看什么车型的车？"

客户："你管我看什么车型？"

销售人员："啊，真对不起，怪我问的时间不对！您可别多心，我在这个店工作了四年，对各种车型还比较熟悉，只是想帮您比较一下各车型之间的优缺点，方便您对比和决定，你说呢？"

肖老师小结

对客户提出这个问题表示歉意。

向客户解释提问的原因，拉近与客户之间的距离。

提问及双方交流的时间会很长，销售人员要具备足够的耐心。

实战销售情景16：

客户是初次买车还是二次购车

常见应对

1. 您是初次购车吧？

2. 您以前买过车没有？

3. 您是初次购车还是二次购车呢？

诊断分析

“您是初次购车吧？”和“您以前买过车没有？”这样的提问会让客户产生被人瞧不起的感觉。

“您是初次购车还是二次购车呢？”这样的提问为客户提供了选择的答案，接下来应该解释你提问的原因，让客户积极配合回答你的问题。

导购策略

初次购车的客户比较冲动，多从个人喜好出发，受周遭亲朋好友的影响比较大，容易被车的外形、设计、空间所吸引。而二次购车的客户则更加理性，他们更加了解自己所需要的车型，更注重车辆的实际操控性能、油耗及维护成本。如果能区分客户是初次购车还是二次购车，将有助于销售人员更有针对性地推介汽车。

销售人员在询问客户前应该先注意观察，一般年龄在20～35岁之间，对车不是很熟悉的客户多是初次购车者；而年龄在35～45岁之间的私营企业主或公司管理高层，对车很熟悉的则多为二次购车者。销售人员可以根据客户的特征对客户所属的类型进行揣摩，在询问客户时，要注意维护初次购车者的自尊心。

妙语范例

销售人员：“您应该不是第一次购车吧？”

客户：“你说呢？”

销售人员：“都怪我多嘴，像您这样气质不凡的成功人士，对车又那么熟悉，肯定已经有好几辆车了，这次又想换什么车？”

销售人员：“您应该不是第一次购车吧？”

客户：“我是第一次。”

销售人员：“哦，对不起，我看您气质不凡，对车又那么懂行，还以为您是来升级换代的呢！没关系，选择一辆令自己各方面均满意的爱车对于初次购车者而言是个不小的难题，我会尽自己的所能为您服务的。”

销售人员：“您是初次购车还是二次购车呢？”

客户：“我想换车。”

销售人员：“对不起，我这样问让您见笑了。像您这样气质的客户就配坐高档豪华型轿车的。我对展厅里的高档车谈不上了如指掌，但还算有个谱……”

肖老师小结

仔细观察客户，揣摩客户是初次还是二次购车。

尽量用“您应该不是第一次购车吧？”代替“您是初次购车还是二次购车？”。

解释提问的原因要让客户信服。

实战销售情景17：
客户什么时候会买车

常见应对

1. 您准备什么时候买车？
2. 您计划这几天买吗？
3. 您近期会不会买车？

诊断分析

"您准备什么时候买车？"、"您计划这几天买吗？"及"您近期会不会买车？"这些提问的重点都放在"买"字上，这会让顾客感到紧张，并立即产生对抗情绪，进入戒备状态。因此，销售人员在询问客户的购车时间时，应尽量用其他字眼代替"买"这个字，以免把客户吓跑了。

导购策略

客户通常在实际购车前一年开始有买车的打算，因此，销售人员对客户要有足够的耐心，要抓住每次交流的机会了解客户的心理变化情况，并设法向前推进销售的进程。

询问客户的购车时间是推进销售进程的一个重要步骤，在解释询问的原因时要强调从交定金到提车会有一个较长的等待过程，最好能利用实例说明客户不告知购车时间会出现的不良后果，从而自然地让客户告知真实的购车时间。

妙语范例

销售人员："您打算什么时候用车？"

客户：“不急。”

销售人员：“对不起，我这样问可能比较直接，其实我只是想提醒您买车跟其他商品可能有些不一样，因为您看中的这款车是目前比较紧俏的款型，一般从交定金到提车要等上数天到一个月，我是怕耽误了您的时间。您近期需要用车吗？”

销售人员：“您计划何时提车？”

客户：“没决定。”

销售人员：“不好意思，可能这个问题我问得太早了，只是您看中的这款车从交定金到提车常常要等些日子。我原来有个客户准备买这款车用来结婚接新娘子的，他以为只要交上全款就可以把车开回家的，所以事前也没告诉我何时提车，结果差点就耽误了。您近期没打算要用车吧？”

销售人员：“您近期肯定不打算买车，对吗？”（用案例或故事来赢得回旋的余地,提醒客户的同时也赢得客户的信任与尊重）

客户：“为什么这么说?”

销售人员：“因为您没有问我这款车的库存情况呀。上个月我有一个客户也是喜欢您看中的这款车，当时我问他打算什么时候用车，他也没告诉我。结果他三天后的下午回来找我下单，没想到库里仅存的一辆被我同事上午卖给了另一位客户。后来没有办法，耽搁了七天才拿到了车。您准备近期用车吗？”

肖老师小结

- 尽量用“提车”、“用车”等字眼来代替“买车”。
- 解释提问的原因时不能心虚，要充满自信。
- 强调从交定金到提车有一个较长的等待过程。
- 常备3～5个案例或故事，不能太长，要有细节。

实战销售情景18：

客户是不是购车的决策者

常见应对

1. 您可以自己决定下来吗？
2. 您自己可以做主吗？
3. 您看中后还需要其他人来看吗？

诊断分析

“您可以自己决定下来吗？”及“您自己可以做主吗？”这两种提问语气生硬，没有礼貌，容易激怒客户。

“您看中后还需要其他人来看吗？”这样的提问表面上看起来比较有礼，但实际上是对客户权威的一种挑战。

导购策略

对于众多家庭来说，汽车仍属于昂贵的消费品。绝大部分家庭对于购车这一消费行为都十分谨慎，消费者购车决策是个长时间的复杂过程，需要获得各方面的信息，征求各方面的意见。因此，了解谁具有购买决策权无疑能节省销售人员的时间和精力。当然，对于不具备购买决策权的消费者我们也要给予高度的重视，因为每个相关成员的意见和建议都会对购车行为有重大的影响。

妙语范例

销售人员：“您还需要参考家人的意见吗？”

客户：“当然啦，我买车就是为了接送小孩上下学、我和老婆上下班，还有就是节假日全家人一起出游。”

销售人员：“您真是个好丈夫、好爸爸！考虑家人的意见是对的，因为车是家庭重要的共有财产，也是家庭和睦的基础。那今天看好之后，不如周末就带上您的太太和孩子一起来试驾吧？我可以现在就为您做申请啊！”

销售人员：“选购这台车是由您全权负责的吧？”

客户：“不是，我是帮老板看的，圈定几款后再由他自己决定！”

销售人员：“您一定是老板的得力干将，连买车这么重要的事情都交给您办！我们下个周末会举办一个试乘试驾活动，我想邀请您和您的老板一起来参加。为了显示我们的诚意，您把他的联系方式留下来，我请我们主管亲自打电话请他过来……”

肖老师小结

注意提问的语气和态度，让客户感到受关注、被尊重的同时更积极地参与到谈话中来。

注意回答的技巧，更好地控制谈话的细节，正确引导客户进行深入沟通的方向。

实战销售情景19：

客户是一次性付款还是按揭购车

常见应对

1. 您是一次性付款购车吧？
2. 您是准备按揭购车吗？
3. 您是选择一次性付款购车还是按揭购车？

诊断分析

“您是一次性付款购车吧？”和“您是准备按揭购车吗？”都不可取，因为付款方式是一个敏感话题，容易引起人们的联想。尤其对于资金不足，准备按揭购车的客户来说，这两句问话会引起反感。

“您是选择一次性付款购车还是按揭购车？”这样的问话虽然不是很礼貌，但销售人员为了知道客户的需求还是要提出来，但接着应该跟客户道歉，并说明提问的原因是出于为客户考虑，从而化解客户的不满。

导购策略

付款方式是销售人员在推销汽车的过程中必须收集的客户资料之一，也是发掘客户买车需求信息的重要内容。但付款方式是一个比较敏感的话题，直接询问容易引起客户的戒备心理。因此，在询问客户的付款方式之前，要准备好充分的理由，机智谨慎地做好解释工作，以坦诚的态度，令客户信服的理由，逐渐消除客户的疑虑和防备，重新获得客户的信任。

妙语范例

客户：“我还在考虑。”

销售人员：“对不起，我不该这么问，我只是想为您提供一些参考性的意见，一次性付款当然又快又方便，但可能会占用您的部分流动资金；而按揭手续虽然要费些时间、多支付些费用，但可以帮您省出不少流动资金用于其他投资而实现增值，您说呢？”

客户：“这个问题我还没想。”

销售人员：“对不起，我问这个问题有些失礼了。我只是想为您参谋一下，因为我对各个银行的按揭手续都比较熟悉，希望能帮您节省更多的时间和精力，您看呢？”

客户：“到时再说吧。”

销售人员：“对不起，我不该这么快就问这个，只是我做汽车销售也有五年了，对两种付款方式也都比较了解，希望能帮您参谋参谋，您觉得呢？”

客户：“我还没有决定。”

销售人员：“对不起，按理说我不该这么快问您这个，只是曾经有些客户用车时间比较急，但到了最后签合同时才告诉我们需要办理按揭，而按揭办下来一般都需要几周，这样就耽误了客户的用车时间，我是怕会出现类似的情况，您认为呢？”

肖老师小结

对付款方式的提问引起客户的不快进行道歉，请求客户的谅解。

说明提问的原因是基于客户的利益出发，为客户着想。

适当展示自己的专业性，增加客户的信心。

实战销售情景20：

主动联络跟进客户

常见应对

1. ×总，您上次看过的××车考虑得怎么样?
2. ×总，您现在有时间吗?我想跟您谈谈××车的事情。
3. ×总，请问您下周有时间参加我们的试乘试驾吗?

诊断分析

“×总，您上次看过的××车考虑得怎么样?”销售人员第一次打电话给客户就马上直奔主题，在双方没有建立互信关系之前很容易引起客户的反感。

“×总，您现在有时间吗?我想跟您谈谈××车的事情。”及“×总，请问您下周有时间参加我们的试乘试驾吗?”，这两种简单的提问很容易遭到客户否定的回答，而一旦客户做出否定回答，销售人员就失去了转弯回旋的余地。

导购策略

随着汽车品牌以及车型的不断增多，加上4S店的不断扩张，车型竞争越来越激烈，消费者可选择的余地也越来越大，客户第一次到店就成功签约成交的几率越来越小。因此，销售人员主动联络跟进客户，与客户保持持续沟通就显得非常重要。

客户跟踪跟进是分析客户购买心理，了解客户购车需求，增进客户感情交流的好方式。销售人员在跟进客户的过程中，一定要经常告诉客户我们的产品会给他带来哪些好处和利益，对他的工作、生活都有哪些便利。销售人员通过与客户及时、有效、全面的跟进沟通，能够探询得到客户实际购车需要，了解到客户的性格及处事风格，明晓自身的问题和机会，最终获得销售业绩的提升。

妙语范例

销售人员：“×总，感谢您的到访，很高兴为您介绍××汽车，如有不周，请您多多包涵！虽然跟您交流只有短短40min，但让我受益良多。这是我的电话，若有需要，请随时与我联系，一有最新情况，我会立刻通知您。××汽车专卖店张三”（客户离开1h后，给客户发第一条短信）

销售人员：“×总，您好，我是××汽车销售人员张三，您上周三下午和您太太来过我们店看车，当时您很关心汽车的安全性能问题，问到了车身的材质和具体的安全保护装置。您走后，我专门收集和整理了一套与××安全性相关的资料，准备发到您的邮箱，以便您和您太太更多地了解我们××，您的电子邮箱是××吗?”(客户离开1周左右，给客户打第一个电话)

销售人员：“×总，我现正在您附近办完客户的转款手续(找个理由)，看时间还早，想拜访一下您，占用您几分钟时间。自从您上次到过展厅，虽然通了好多次电话，再也没有见过您呢!不知道您今天方便吗?”(与客户接触2～4周后，找机会上门拜访)

销售人员：“×总，俗话说耳听为虚，眼见为实，××汽车到底怎么样，只有您亲自感受过才能下结论。您下周哪天能抽空去试乘试驾，我在店里等您?”(时机成熟邀请客户再次到展厅详谈)

肖老师小结

- 客户离开1h后,给客户发第一条短信。
- 客户离开1周左右,给客户打第一个电话。
- 与客户接触1～2周，用电子邮件或传真给客户发公司简介、车型介绍、相关图片的资料。
- 与客户接触2～4周后,找机会上门拜访。
- 时机成熟邀请客户再次到展厅详谈。

实战销售情景21：

客户看了很多车都不满意

常见应对

1. 难道就没有一款合您的心意？
2. 看了那么多都不满意，您的要求也太高了吧？
3. 那您究竟想买什么样的车呢？
4. 那您到别处看看吧！

诊断分析

“难道就没有一款合您的心意？”这种无趣的提问，很容易得到客户消极的回答。

“看了那么多都不满意，您的要求也太高了吧？”这种责怪客户的话，立即会引起客户的反感而离开。

“那您究竟想买什么样的车呢？”这种明显带有不耐烦的语气，容易导致客户转身离开。

“那您到别处看看吧！”这是明显的“赶客”语言，客户正好可以顺着台阶离开展厅。

导购策略

客户看了很多车后都觉得不满意，其原因有可能是因为你的推介工作没有做好，也有可能是因为客户心情不佳，但不管是什么原因，销售人员都应该主动、坦诚地与客户沟通，请求客户说出不满意的原因及真正的需求。有时候甚至可以通过虚心请教的方式，凭真诚求得再次服务的机会。

妙语范例

销售人员：“哦，据我的观察，您肯定是一个事事追求完美的人！像您这样对车要求很高的人，一般的车肯定入不了您的法眼。对于展厅里的各类车型我不敢说很精通，但对于它们的性能、配置、优缺点等也都心中有数，您是看重车的安全性、舒适性还是别的什么？让我来为您参谋参谋吧！”

销售人员：“哦，都觉得不太满意。那您能告诉我具体是对哪些方面不满意吗？”

客户：“……”（沉默）

销售人员：“您是对车的配置、外形、做工以及价格不满意，还是别的不满意呢？”

客户：“内饰粗糙，装配工艺差。”

销售人员：“您真是个力求完美的人啊！我能不能请教您一个问题，您心目中理想的车是什么样的？”

客户：“安全系数高、省油、性能好、动力强以及性价比高！”

销售人员：“那您可以考虑……”

肖老师小结

询问客户不满意的原因时要诚心诚意。

客户不想回答不满意的原因时，应及时提供选择答案。

以虚心请教的方式打动客户的心。

实战销售情景22：

客户离开前，请问最后一个问题

常见应对

1. 其实您刚刚看中的那一辆车挺不错呀？
2. 对于刚才那辆车您还有什么不满意的呢？
3. 看了那么多车真的没有一辆适合您吗？
4. 您回去再想想，有需要的话联系我吧！

诊断分析

“其实您刚刚看中的那一辆车挺不错呀？”这类语言苍白无力，难以说服客户。

“对于刚才那辆车您还有什么不满意的呢？”及“看了那么多车真的没有一辆适合您吗？”这两句话的语气太生硬，让客户觉得销售人员很不耐烦。

“您回去再想想，有需要的话联系我吧！”这句话看似客气，实质上是废话。

导购策略

买车对于一般家庭而言是一笔较大的支出，需要进行较长时间的对比、衡量和决策，客户在作出购车决定之前必然会到各类汽车市场中做大量的调查和对比。因此，客户到汽车展厅参观、体验后没有做出购买决定就离开是很正常的，销售人员需要抓住最后的机会，争取让对方告知其犹豫或不满的原因，或制造一些你能主动联系他的机会，例如在谈话过程中没有回答好的问题。

妙语范例

销售人员：“在您离开展厅之前，我能再问您最后一个问题吗？”

客户：“你说吧！”

销售人员：“我陪您看车大概也有40分钟了，您对我的讲解满意吗？”

客户：“还不错！”

销售人员：“谢谢！不过我对自己的讲解不是很满意，特别是刚才您问到汽车技术参数——转矩的问题，我解释得不够透彻。要不这两天我收集一下这方面的资料，下周二提供给您，好吗？”（再一次核实客户的联系方式,送客离开,下周二准时联系客户）

销售人员：“跟您谈话真是让我受益匪浅！在您离开前，可以帮我一个忙吗？告诉我您对刚才那辆车的主要顾虑在哪里？”

客户：“……”（客户往往会说出抗拒购买的真正原因）

销售人员：“先生/女士，请留步！真是抱歉，肯定是我刚才没有介绍到位，所以您没有兴趣继续看下去。不过我是诚心诚意想为您服务好的，您能告诉我您是对刚才那辆车有什么不满意还是对我的介绍不满意呢？”

肖老帅小结

以请教的方式询问，一般的客户会乐意回答你的问题。

以请求客户帮忙的方式询问，往往也会奏效。

尽量制造一些你能继续联系客户的机会。

三、汽车品质性能解说

汽车展厅是客户和销售人员共同演出的舞台，当销售人员向客户解说汽车的品质性能时，就要像节目主持人一样生动有趣，吸引客户热情参与，并使其对汽车有一个直观的了解和切身的感受，从而使其认可汽车的质量，激发客户购买的欲望。

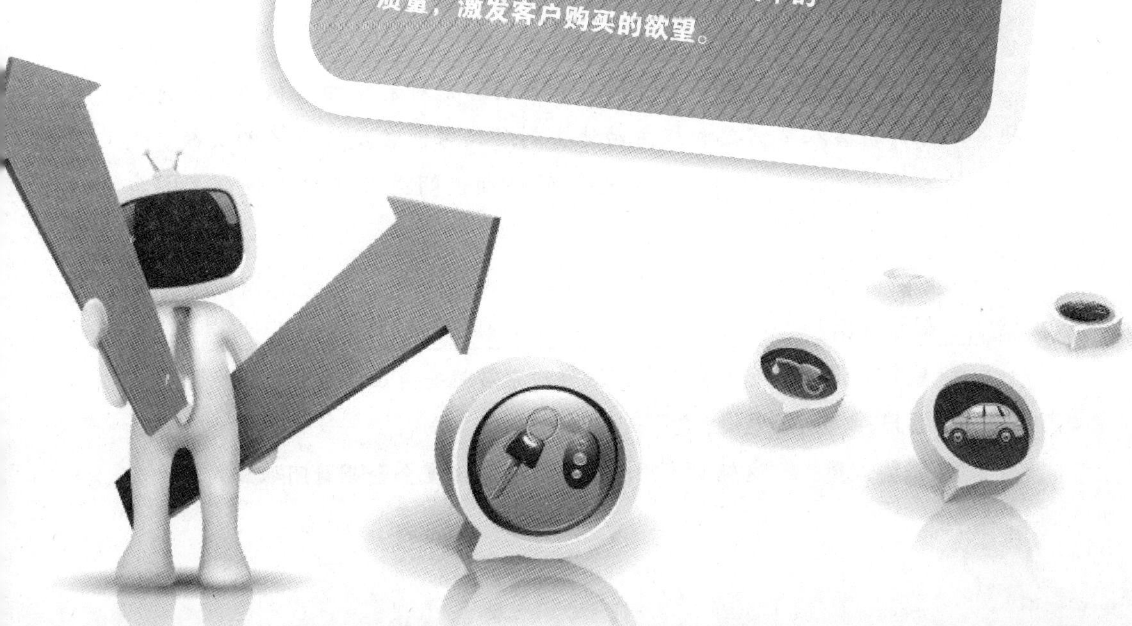

实战销售情景23：

客户询问关于汽车的安全性问题

常见应对

1. 关于这辆车的安全性，让我看看。
2. 这辆车的安全性不错啊！
3. 这辆车的安全性很好啊！

诊断分析

“关于这辆车的安全性，让我看看。”一些不熟悉自己产品的销售人员总是一边看配置表，一边回答客户，这样会让客户失去信心，他们往往会要求“找一个懂业务的人来！”

“这辆车的安全性不错啊！”及“这辆车的安全性很好啊！”这两种回答比较平庸，后面需要加上详细的、有说服力的解释。

导购策略

客户询问关于汽车的安全性问题，说明客户对看中的这辆车比较感兴趣。此时，销售人员需要积极主动地去刺激顾客，激发客户的购买欲。例如，为客户提供关于保障该车安全性的详细说明或关于安全性的最新行情-等。

妙语范例

销售人员：“您真有眼光，这辆别克君越安全性能十分优越！”

客户：“何以见得？”

销售人员：“这辆车采用液压成型的高强度全金属封闭承载式车身及

一体式溃缩区设计，提供比普通承载车身强得多的刚性。独有的悬浮发动机防撞保护装置，在车辆受到正面的剧烈撞击时使发动机自动下沉，整个发动机舱瞬间变成了大空间的前部吸能区吸收撞击能量。还配备了智能感应双级安全气囊，采用了温度更低更安全的氮氦混合气，防止气囊燃爆触发时内部的高温气体对人体造成二次伤害。同时，君越标配了ABS、EBD、TCS、可馈式转向柱和可折断踏板等安全装置，给予驾乘者最全面的安全保护！”

销售人员：“这辆凯旋的安全性绝对一流！”

客户：“是吗？”

销售人员：“当然啦，凯旋获得了新车撞击鉴定C—NCAP五星的成绩，不仅配备了以ESP为核心的全面的电子安全系统，还拥有‘救生舱’式的车身设计、‘三位一体’的车内安全设计、合理的人机工程安全设计和出色的行人碰撞保护装备等高科技的安全呵护。全面的主动、被动安全装备使得凯旋的安全性能在用户中有口皆碑，您真是找对车啦！”

肖老师小结

- 详细介绍汽车的安全性配置。
- 尽量提供在安全性方面获得的权威检测认证。
- 销售人员说话的语气要自信、坚定，态度要诚恳。

实战销售情景24：

客户不明白“ABS+EBD”是什么东西

常见应对

1. 这是一些专业术语啊！

2. 管它是什么呢，反正装了这些东西就安全了！

3. 这是一些安全控制系统的简称，具体是什么您就别管了！

诊断分析

“这是一些专业术语啊！”这样的回答纯粹是废话，客户就是因为不明白这些专业术语的具体意思才提问的。

“管它是什么呢，反正装了这些东西就安全了！”及“这是一些安全控制系统的简称，具体是什么您就别管了！”这样的回答只能说明销售人员不专业，对基本的产品常识都不了解，很难取得客户的信任。

导购策略

大部分来汽车展厅参观的客户都不是专业人士，对于ABS和EBD等汽车配置术语往往一知半解。销售人员与客户交谈时，对专业术语的解释一定要讲究“度”，对于深奥的原理要简略介绍，对难以理解的专业术语要进行深入浅出的解释，多用具体形象的语句进行说明。

妙语范例

客户：“ABS是什么东西？”

销售人员：“ABS是Anti-Lock Brake System的英文缩写，翻译为‘刹车防抱死制动系统’，是在紧急制动时防止汽车轮胎停止转动因与地面间的滑动摩擦而失去方向控制的电子装置。简单来说，ABS就是你一脚踩死制动踏板轮胎不会锁死，让驾驶者在紧急制动时不至于使汽车发生侧滑。总之，ABS在车辆安全方面起着至关重要的作用，也是车辆上一个档次的重要标志！”

客户：“ABS有什么用？”

销售人员：“这么说吧，没有安装ABS的汽车在紧急制动时，只能间断地放开制动踏板，如果一脚到底踩死制动踏板，车轮就容易发生抱死不转动使汽车发生危险。而安装了ABS就可以有效控制车轮保持在转动状态而不会抱死不转，防止车身失控等意外情况的发生！可以说ABS是汽车驾驶者的重要保护神！”

客户：“EBD是啥玩意？”

销售人员：“EBD是Electric Brakeforce Distribution System的缩写，中文直译为‘电子制动力分配系统’。当我们急制动时，制动片给各车轮的制动力是一样的，但四只轮胎附着的地面条件往往不一样，比如有时左前轮和右后轮附着在水泥地面上，而右前轮和左后轮却附着在沙地或泥水中，这种情况会导致汽车制动时四只轮子与地面的摩擦力不一样，制动时容易造成打滑、倾斜和车辆侧翻事故。而安装EBD系统后电脑会计算各车轮的阻力，然后根据各车轮的受力情况来分配制动力，这样在急制动时就可以缩短制动距离，防止制动后侧滑，从而保证车辆的平稳、安全。”

客户：“ABS+EBD又是什么？”

销售人员：“EBD+ABS是ABS的升级版本啊！因为EBD可以改善和提高ABS的功效，其实EBD+ABS就是在ABS的基础上，平衡每一个车轮的有效抓地力，改善制动力的平衡，防止出现甩尾和侧移，并缩短汽车制动距离。所以有了ABS+EBD就相当于有了双保险，汽车的安全性能就更胜一筹了！”

肖老师小结

- 销售人员对于汽车安全配置的详细知识应了然于心。
- 多用比喻及形象化的语句进行说明。
- 解释时要深入浅出，尽量简化艰涩难懂的专业原理。

实战销售情景25：

客户提出车身钢板薄不安全

常见应对

1. 不会呀，怎么会不安全呢？
2. 车身钢板薄与安全没有什么关系的。
3. 谁说车身钢板薄就不安全，那是误解！

诊断分析

“不会呀，怎么会不安全呢？”和“车身钢板薄与安全没有什么关系的。”这样直线思维方式的应答没有提供任何有说服力的证据，所以这样的辩解显得苍白无力。

“谁说车身钢板薄就不安全，那是误解！”这样的语气太过于咄咄逼人，容易令客户反感而使销售中断。

导购策略

安全性能是所有购车者都关注的核心问题之一，而关于汽车车身钢板厚薄与安全性的关系一直存在争议。销售人员在回答客户的这个问题之前一定要储备足够多的专业知识，准备好相应的理论及事实方面的证据，解说时谦虚诚恳、有理有据，让客户心服口服。

妙语范例

客户：“这辆东风本田是日系车，听说日系车的钢板薄、不安全！”

销售人员：“市场上确实有很多人存在这样的误解，我也理解您的担忧。但是汽车的安全性不是钢板厚薄的简单问题，不应该以钢板厚薄论，而应该

关注每款车真实的碰撞试验结果！这也是国际上衡量汽车安全性的通行标准。”（稍停顿一下，让客户接受理解后再接着往下解释）

销售人员：“根据中国汽车技术研究中心（CATARC）2008年最新发布的2007年度C—NCAP（中国新车评价规程）的碰撞试验结果，日系12款车碰撞成绩整体表现优秀，您说的这辆东风本田CR—V获得总分50.6分，星级5+的最好成绩，打破C—NCAP最高分记录，您还能说它不安全吗？”

客户：“我怕这辆车钢板薄、不安全！”

销售人员：“我理解您的心情，但是您的这种担忧完全是多余的。因为汽车的安全与钢板的厚薄没有直接的关系，汽车的碰撞强度主要是看钢板强度，而不是钢板的厚薄。这辆车运用的是新材料——高强度铝合金，它虽然不厚，但强度很大！清华大学汽车安全与节能国家重点实验室的周教授两年前就发表过论文，论证了汽车安全性的好坏关键要看设计水平，而不是钢板的厚薄。”

客户：“这辆车钢板薄、不安全！”

销售人员：“我明白您的顾虑，但车身钢板薄并不等于不安全！举个简单的例子，高楼大厦中起到决定作用的不是外表那层光鲜的玻璃，而是承重墙和加强梁。同样道理，车辆从高速运动在短时间内将动能转化为其他类型能量的过程中，起到能量吸收作用的是车体本身结构而不是车身钢板。”

肖老师小结

- 首先要理解客户的顾虑，拉近双方的距离。
- 收集足够关于钢板厚薄与安全性的资料。
- 解释时尽量列举权威的、翔实的证据。

实战销售情景26：客户提出整车重量轻不安全

常见应对

1. 这是大家的一种误解，您千万别相信！
2. 这种说法根本没有科学依据！
3. 这种讲法是不负责任的！

诊断分析

“这是大家的一种误解，您千万别相信！”这种回答属于直线思维的反驳，但又没有提出令人信服的理由，难以解除客户的顾虑。

“这种说法根本没有科学依据！”和“这种讲法是不负责任的！”这两种回答语气上过于生硬，让客户有挫败感，属于非常消极的应对方式。

导购策略

如果直接对客户关于重量轻不安全的意见予以反驳，很可能会使客户不满而造成双方继续沟通的障碍，所以销售人员不妨先对客户提出的意见表示理解，然后再运用专业知识，通过分析浅显的理论、列举事实案例，或者提供权威机构证明等方式及时予以解决。

妙语范例

客户：“这车比其他品牌同档次的重量要轻，不安全吧？”

销售人员：“您这个问题太具有代表性了，几乎每天都有10个以上的客户向我提出来！这款车的重量确实比其他品牌同档次的车要轻50kg，正是这个优势使得它成为‘节油之王’，而更难能可贵的是它在省油的同时还兼顾了安全性，因为它还获得了美国NHTSA前方撞击测试5颗星的优异成绩，这是市场上同类型车中惟一获此殊荣的！谁还能比它更安全？”

客户：“我朋友说这款是日本车，整车重量轻、不安全！”

销售人员：“这样的说法确实已经争论好几年了，但是一直没有实质性的结果。现今很多消费者对日系车有看法，但是日本车在国际上一直很畅销。难道外国人不知道安全性的重要吗？说到这款车比较轻是因为它采用了高科技的材料，在安全系数方面欧洲人给它的安全测评是5星级！这样既省油安全系数又高的车，您还去哪里找呢？”

肖老师小结

- 不要直接反驳客户，而是委婉地为自己的解释铺设过渡。
- 把“重量轻”转换成“省油”，再列举重量轻但安全的证据。
- 解答时要站在中立的立场，不要有过激的言辞。

实战销售情景27：客户喜欢某款汽车，询问发动机的情况

常见应对

1. 这款车的发动机很好啊！
2. 关于这款车的发动机，我先看一下。
3. 等一下，我找我们经理来跟您解释！

诊断分析

“这款车的发动机很好啊！”这样的回答需要进一步详细说明，才能让客户信服。

“关于这款车的发动机，我看一下。”及“等一下，我找我们经理来跟您解释！”说出这些话的销售人员明显不熟悉自己的产品，连自己都不热爱的产品显然是无法销售给客户的。

导购策略

发动机是一辆汽车中最重要的部分，它是汽车所有动力的源泉。因此，无论是客户还是汽车从业人员都非常关心与发动机有关的问题。但是因为发动机的原理和构造太过专业和复杂，大部分的客户对其都缺乏了解。

因此，销售人员在销售之前首先要成为产品专家，熟练掌握一些关于发动机的专业知识，并且用通俗易懂的语言，通过深入浅出的分析，让客户信服这辆车的发动机的性能优越，以及能带给客户不一般的驾驶感受。

妙语范例

客户：“这款车的发动机怎么样？”

销售人员："您这个问题问得太好了！发动机是汽车的心脏，一辆汽车性能的好坏，最主要体现在发动机上。这款车的发动机源自德国欧宝，直列四缸双顶置凸轮轴，最大功率91kW，最大转矩180N·m，动力性能让人刮目相看，而且其加速性能在同类型车中非常突出，轻踩加速踏板，提速快，带给您风驰电掣的驾乘感受!"

销售人员："您真是眼光独到，这款天籁确实拥有一颗特别强劲的心脏！"

客户："你是说它的发动机很厉害吗？"

销售人员："这个发动机可不一般，在国产车中至今只有天籁和奥迪A6L把荣获全球十佳的最领先的发动机引入中国。其中特别是天籁的VQ系列的V6发动机，是全球惟一连续十二年被选为世界十大发动机之一，在转矩和输出功率方面都极为出众，能与其匹敌的只有宝马的一款3.2L直列6缸发动机。其简洁的结构使工作效率更高，节气门反应时间更短，瞬间即可爆发出澎湃的动力，带给您畅快淋漓的驾乘体验！"

肖老师小结

- 详细解释发动机的相关配置。
- 提供说明发动机优质的事实和证据，增加客户的信心。
- 强调优质的发动机能够带给客户的利益。

实战销售情景28：
客户看中一款车，但提出油耗太高

常见应对

1. 这样的油耗已经不算高了！
2. 不是吧，这样的油耗您还说高？
3. 那您认为油耗多少才不算高呢？

诊断分析

“这样的油耗已经不算高了！”这样的回答简单直接地否定客户的意见，令客户很没有面子。

“不是吧，这样的油耗您还说高？”和“那您认为油耗多少才不算高呢？”这两个提问的语气充满挑衅性，容易引起客户反感而引发争执。

导购策略

油价在不断上涨，客户买车时免不了要算“油”账，车辆的燃油经济性越来越成为客户购车时关注的焦点之一。客户提出油耗太高，无论是其内心的真实想法，还是作为讨价还价的借口，销售人员首先要做的都是理解和认同客户的想法，迎合客户想节省燃油费用的心理，然后再顺势而为，提出恰当的解释，让客户去自己判断和选择。

妙语范例

客户：“这款车100km耗油多少升？”

销售人员：“厂家公布的油耗是10L。”

客户：“油耗太高了！”

销售人员：“我非常理解您的想法，油耗看似小数目，但小数也怕长计。想要降低油耗，最简单的办法就是减轻汽车的重量，降低100kg的车重比采用任何先进的节油的发动机技术都有效得多，例如减小钢板的厚度，这是日本车省油的普遍做法。但是，减少重量会带来一个副作用就是降低安全性，您认为油耗差别能弥补安全的要求吗？”

客户：“这款车耗油太大了！”

销售人员：“您说得对，请问您买车的主要用途是什么？”

客户：“上下班代步啊！”

销售人员：“如果是这样的话，我个人认为您不必太在意油耗问题，因为假如您年行使路程为15000km，百公里就是多2L油，那一年也就是1500元，3年不到5000元，如果换成一天抽一包10元的烟，还不够抽年半。所以我建议不要过多地考虑油耗，而是把重点放在车子本身的质量和性价比上！或者您看看排量小一点的车？”

客户：“我可不想买只‘油老虎’回家！”

销售人员：“我很赞同您的说法，不过一部车的省油程度与车身大小、整车自重大小很有关系啊。您看中的这辆德系车排量为2.0L，车身宽大整车重1400kg，驾乘起来沉稳舒适，而且安全性和操控系统一流，最能体现像您这样的成功人士的身份了，惟一的缺点就是油耗稍大一些。但您说哪有‘既要马儿跑得快，又要马儿少吃草’的道理呢？”

肖老师小结

- 认同客户提出的问题，理解客户的想法。
- 针对客户的具体情况，有针对性地提出解决的办法。
- 抓住时机，顺理成章地转移问题的重心。

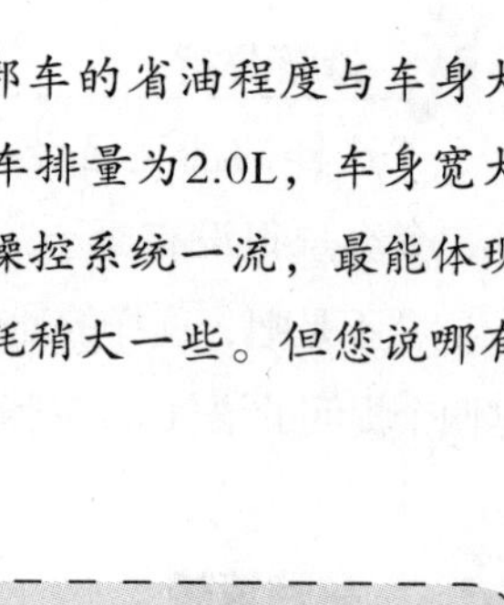

实战销售情景29：

客户对配置的音响不满意

常见应对

1. 这个音响效果很不错哦！
2. 这个价位的车配置的音响就是这个效果啦！
3. 车的性能好就行了，音响只是一个陪衬罢了！

诊断分析

“这个音响效果很不错哦！”这句话简单直白地否定客户的意见，不但说服不了客户，还会让客户感觉很不舒服。

“这个价位的车配置的音响就是这个效果啦！”这样的回答给客户传递的信息是客户付的价格不高，只能买到质量较次的产品，这样会让客户很窝火。

“车的性能好就行了，音响只是一个陪衬罢了！”这样的狡辩不但难以让客户信服，而且容易引起客户的反感。

导购策略

对于客户提出来的意见或不满，如果销售人员只是想方设法地为自己进行辩解或推卸责任，不但不利于问题的解决，而且还会让客户鄙视和反感。因此，与其找借口逃避责任，不如向客户示弱，感谢客户给车行提出的意见，将客户的角色由批评者变为建议者和朋友。这样不但可以迅速有效地平息客户的不满，还可以重新获得客户的尊重与信任。

妙语范例

客户：“这辆车的音响效果感觉不是很好！”

销售人员：“非常感谢您提出的意见，我会尽快跟上级反映这个情况。您觉得这辆车的音响效果不好，具体是哪里让您不满意呢？”

客户：“声音放大了就有噪声。”

销售人员：“哦，我明白您的意思了，当您把音量调到最大极限附近时，已经超过扬声器的正常工作范围了，所以声音毛糙、不柔和甚至有扎耳根的感觉，这是正常现象。一般情况下，我们没有必要将音量调到极限，因为音量过高会损害听力，而且对音响的寿命也有影响。如果您调到50%～80%的音量，声音就很圆润、柔和丰满了，您听着也会觉得很舒服。”（解说的同时调整音量）

客户：“这个车载音响的效果不够好！”

销售人员：“谢谢您告诉我您的真实想法！很多客人都认为这辆车的音响配置已经很不错了，而您对音响质量要求这么高，一定是音响发烧友吧？”

客户：“音乐可以陶冶性情、舒缓工作压力。这么贵的车音响效果应该更好一些！”

销售人员：“您说得对，好车要配上自己满意的音响才算是完美。我有一个也是音乐发烧友的客户在选购这辆车后，自己加装了两只低音炮，能给音响系统增加低音的两个8度音，增加了低音的冲击力和清晰度，让整套系统的低音更加强悍和张弛有力。所费不多，但效果一流，您不妨也试试？”

肖老师小结

- 真诚地感谢客户提出自己的意见或不满。
- 鼓励客户说出具体不满的地方。
- 针对客户的不满提出具体的解决方案。

实战销售情景30：

客户提出车的款式太旧

常见应对

1. 不会旧啊，这个款式年年都很畅销！
2. 您听谁说的，这个款是今年才有的！
3. 您看错了吧，这款车只是与旧款有些像而已！

诊断分析

“不会旧啊，这个款式年年都很畅销！”这个回答相当于默认客户的说法，而不能消除客户的疑虑。

“您听谁说的，这个款是今年才有的！”和“您看错了吧，这款车只是与旧款有些像而已！”这两种回答是简单地反驳客户，并且努力证明客户的说法是错误的，这会让客户很没有面子，挫伤客户的自尊心。

导购策略

有一句推销行话说的好：“占争论的便宜越多，吃销售的亏越大。”销售人员在与顾客沟通时，时刻不要忘记自己的职业、您的身份是做什么的。与客户争辩解决不了任何问题，只会招致顾客的反感。因此，客户永远是对的，销售人员永远不要与顾客争辩。

当客户提出车的款式太旧时，无论是否符合事实，销售人员都要尊重客户的意见，讲话时面带微笑。回答时首先可以赞美客户的眼力好，然后再加以正确的说明，给顾客留足面子，这样才容易获得客户的好感。

妙语范例

客户："这辆车的款式太旧！"

销售人员："哇，您真是行家，一眼就看出来了！这辆车的外形的确比较经典，但它动力强劲、皮实耐用、操纵灵活方便，维修配件也便宜。还有最重要的一点，就是它的保有量大，等您开上三五年换车再转手时，它还能卖个好价钱哦！"（将产品的缺点转化成优点）

客户："这辆车的款式太旧！"

销售人员："您真是好眼力！这款车这两年确实很受消费者的欢迎，而且今年它在原来的基础上做了改良，其中就包括增加了ABS、EBD等装置，安全性能更好，性价比更高了！"

肖老师小结

- 尊重客户的意见，赞美客户的眼力。
- 尽量将产品的缺点转化成优点。
- 无论在什么情况下，绝对不要与客户争辩。

实战销售情景31：

客户提出“如果这车跑几千公里就出问题，怎么办？”

常见应对

1. 别担心，我们的车子不可能会出现这个问题的！
2. 您放心，这种状况很少出现的！
3. 您放心好了，我们都是10年的老牌子了！

诊断分析

“别担心，我们的车子不可能会出现这种情况的！”这个回答能够带给客户信心，但是却断了自己的后路，一旦客户购买后出现这种情况车行就会陷入被动局面。

“您放心，这种状况很少出现的！”这样的回答相当于默认客户担心的情况有可能会出现，难以挽回客户的信心。

“您放心好了，我们都是10年的老牌子了！”这样的回答空泛而缺乏说服力，不能有效消除客户的担心。

导购策略

客户对汽车的质量或性能有所担心，是所有购车者的正常的消费者心理。当客户提出疑问后，销售人员首先要理解认同客户的这种心理，然后顺势强调好品牌的重要性，再提供不会出现这种情况的数据或事实的证明，以及万一出现这种情况的补救方法。利用这一系列的回答有效消除客户的顾虑，增加客户的购买信心。

妙语范例

客户：“如果这车跑几千公里就出问题，怎么办？”

销售人员：“您这个问题问得好，有些品质较差的车子确实有可能会出现这样的情况，我很理解您的这种担心。不过，我要告诉您我们的每一辆汽车都经过国家发改委、国家认证认可监督管理委员会（CNCA）、国家环保局等专业部门的严格检测和认证，所以质量是有保证的，请您放心吧！另外，就算真的出现了您说的这种情况，我们也会负责到底，为您提供免费维护的。请问您想选购哪种车型？”

客户：“如果这车跑几千公里就出问题，怎么办？”

销售人员：“我明白您的顾虑，如果买到质量不好的车子出现了这种情况，确实很令人头痛，所以选择一个产品质量和售后服务有保证的品牌很关键。我们品牌的这家4S店已经开了8年，我在这里工作也已经有5年了，这5年里卖出去的车至少有1000多辆，但到目前为止还没有出现过一次您所担心的这种情况。而且，就算万一发生了这种情况，我们也会负责到底，免费为您维护的，因此请您尽管放心。您选购车的主要用途是什么呢？”

肖老师小结

- 理解客户的担心与顾虑。
- 提供你的产品不会出现客户所担忧的情况的证据。
- 提供证据时尽量用翔实的数据或事实资料。
- 解释完毕后自然过渡到挖掘客户的需求上。

实战销售情景32：

客户抱怨车子没有天窗

常见应对

1. 这款车的设计就是这样子的。
2. 这个价位当然没有天窗啦！
3. 您也可以选择有天窗的，不过要加几万元啊！

诊断分析

“这款车的设计就是这样子的。”这样的回答太直白，而且给客户“我的车就是这样子，你爱买不买”的感觉。

“这个价位当然没有天窗的啦！”和“您也可以选择有天窗的，不过要加几万元啊！”这种回答缺乏技巧而且没有礼貌，容易伤害客户的自尊心，让其变得愤恨不平或者怒不可遏。

导购策略

任何人都希望花尽量少的钱买到满意的商品，对于客户的抱怨，我们要认真地倾听，这不仅表明你尊重客户，而且还可能让你听出弦外之音。

客户抱怨车子没有天窗，是嫌价格太高而作为要求降价的借口，还是确实想买一辆有天窗的车子？这需要销售人员仔细聆听，正确引导客户说出真实的想法。

妙语范例

客户：“这辆车还不错，可惜没有装天窗啊！”

销售人员：“您的意思是对这辆车的其他方面都满意，只是对它没有安装天窗这一点觉得不满意，对吗？”（将对方的谈话进行整理）

客户："对呀，装了天窗去兜风时多爽啊！"

销售人员："是很不错，您会经常到郊外去兜风吗？"

客户："节假日有空的时候就去啊！"

销售人员："那算起来您去兜风的时候其实并不多，而且城市的空气不好，使用天窗的机会也会很少。从实用角度来说，如果您不在车内抽烟的话，天窗的作用其实并不大。因为夏天开天窗会使车内温度升高，坐在后排座位的人还会觉得晒。而冬天开天窗则不利于保温，影响空调效果。多花几千元配个天窗，您觉得有这个必要吗？"

客户："为什么这么贵的车都没有天窗？"

销售人员："您是觉得有没有天窗是衡量高档车的标准之一，对吗？"

客户："当然啦，高档车几乎都配天窗的啊！"

销售人员："我明白您的意思，前几年天窗确实属于奢侈型配置，但现在大街上从上百万的高档车到几万元的经济型轿车，只要叫得出牌子，基本都可选装天窗了。开天窗确实可以享受阳光和通风，但是夏天开天窗晒人，冬天开天窗又冻人，打开天窗还增加油耗，人们对它的评价也越来越客观，它的装饰功能大于实用功能。其实需不需要天窗应该根据您自己的喜好去选择，您觉得呢？"

肖老师小结

- 专心聆听客户的抱怨内容，并且发挥同理心去理解。
- 重组客户的问题，找出客户抱怨的真正原因。
- 为客户提供详尽的解释，但应由客户作出最后的决定。

实战销售情景33：
客户不知道该选择多碟CD还是单碟CD

常见应对

1. 当然是多碟好，多数人都选多碟啊！
2. 单碟已经过时了，选多碟好！
3. 您觉得哪个好就选哪个啊！

诊断分析

"当然是多碟好，多数人都选多碟啊！"和"单碟已经过时了，选多碟好！"在没有弄清客户的真实想法之前，这两种回答都过于主观和武断，难以说服客户购买。

"您觉得哪个好就选哪个啊！"这样的回答与废话无异，客户会觉得你既缺乏耐心又不具备专业水平。

导购策略

销售人员在回答问题时如果能站在客户的角度考虑问题，为客户的利益着想，那么客户就容易接受你的意见或建议。对于客户提出如何选择多碟CD和单碟CD的问题，销售人员应该详细解释这两者在实际使用中的优点和不足，然后请客户结合自己的实际需要去作出正确的选择。

妙语范例

客户："应该选择多碟CD还是单碟CD呢？"

销售人员："其实多碟CD与单碟CD各有优缺点，您可以根据自己的喜好来选择。其中多碟CD同时可以放入多个碟，例如六碟八碟十碟等，它的好处是不用老是换碟，既方便又节省时间，所以价格也比单碟CD高。而单碟CD就是只能在主机的CD插口插入一张碟，要是想换碟就必须将旧碟退出来再插入新碟；但它也有自己的优点，就是节省空间、价格较低。您看您是希望方便、节省时间的多碟CD呢？还是节省空间但需要自己手动换碟的单碟CD呢？”

客户：“多碟CD和单碟CD哪个好一些？”

销售人员：“两者各有千秋，您可以根据自己的具体需要选择！如果您经常要跑长途，那最好选择多碟CD，因为一张CD只能听1小时左右，听完后要选碟和换碟就只能手动了，这样对驾驶不安全。但如果您只是在市内驾驶，那用单碟CD也很方便。另外，单碟比多碟价格要低，您觉得选哪个更适合您？”

肖老师小结

- 详细解释多碟CD和单碟CD的优缺点。
- 解释时要结合客户的实际需求。
- 让客户自己作出选择。

实战销售情景34：
客户抱怨座椅不是真皮的

常见应对

1. 其实是什么皮座坐起来的感觉都差不多啦！
2. 是不是真皮其实别人都看不出来。
3. 拜托，是真皮的话就不是这个价了！
4. 换成真皮的也可以，不过要加3000元。

诊断分析

“其实是什么皮座坐起来的感觉都差不多啦！”和“是不是真皮其实别人都看不出来。”这两种回答是明显在敷衍客户，会让客户产生被“忽悠”的感觉。

“拜托，是真皮的话就不是这个价了！”这种不尊重客户的语气会让客户感觉很没面子，容易激怒客户从而引发争吵。

“换成真皮的也可以，不过要加3000元。”这样的回答听起来好像客户支付不起一样，让客户感觉不舒服，没面子。

导购策略

销售人员要学会分析客户的心理，以便采取不同的应对方式。无论什么时候，销售人员都要给客户面子，当客户提出“座椅不是真皮”的异议时，首先要用“垫子”赞同、理解顾客的问题具有代表性和普遍意义，让客户觉得受到尊重。然后再从维护客户的利益出发，解释不采用真皮的原因，让客户容易接受，而且可使双方保持和谐的交流氛围。

妙语范例

客户："现在80%的汽车座椅都是真皮的了，为什么这款车不是？"

销售人员："您这个问题问得太好了！众所周知，真皮座椅舒适尊贵、价值不菲，那为什么80%的汽车都宣称是真皮呢？"

客户："你说呢？"

销售人员："因为厂家要迎合大众附庸风雅的需求啊，但真皮座椅价格太高，所以就只能以次充好、偷工减料了，据统计在目前销售的所谓真皮座椅中，有一半以上是用革或者猪皮代替真牛皮的，主要是在座椅两侧和座椅后面。而更令人气愤的是，现在市面上出售的复合皮是用下脚料加工打碎，上覆pvc塑料膜压制而成并附上一层胶膜，表面精致，看上去很像头层皮，但它们经不起高温、曝晒，保养得再好，不到一年就会出现裂纹。而在正常情况下，真皮能使用5到8年。"

客户："真的吗？"

销售人员："当然啦，还有更重要的一点，就是国内的真皮座椅在选料加工过程中基本没有考虑污染因素，而皮料在加工过程中加入的有毒化学成分最终将在车内散发，这将大大不利于车主的健康。所以，您是希望买质次有毒的所谓真皮座椅呢，还是买舒适实在的高级布艺座椅？"

客户："看来布艺座椅还是不错的。"

客户："座椅为什么是布艺而不是真皮的？"

销售人员："您的这个问题太有代表性了！在大家的眼里，真皮座椅确实是豪华轿车的象征。但是我的一个朋友却告诉我'用真皮座椅夏天烫屁股，冬天冰屁股，真后悔当初没有经受住诱惑买了真皮的'。其实真皮座椅是看着舒服，布艺座椅是坐着舒服：真皮座椅容易清洁，但怕曝晒、怕尖锐物刮，要小心保护；布艺座椅环保、透气好，不变形，冬天暖和。实际上不管是真皮座椅还是布艺座椅，冬天都铺羊毛垫，夏天都用凉垫，何苦要花几倍于布艺的价钱买真皮呢？而且还不能保证皮子是真的牛皮！您说呢？"

肖老师小结

- 擅于使用“垫子”让客户感觉备受尊重。
- 用熟练的专业知识引导客户自己作出正确的选择。
- 注意先处理客户的情绪，再处理客户提出的问题。

四、试乘试驾体验

鞋合不合穿只有脚知道，车合不合意只有试乘试驾后才能确定。在客户参与试乘试驾的过程中，销售人员需要主导客户的注意力，控制谈话的主动权，引导客户对试乘试驾的车辆作出正面积极的体验评价。

实战销售情景35：

邀请客户参加试乘试驾

常见应对

1. 喜欢这款车的话，可以马上试乘试驾哦！
2. 这是我们的最新车型，喜欢的话可以安排您试驾！
3. 您来试乘试驾感受一下吧，又不用您付钱！

诊断分析

“喜欢这款车的话，可以马上试乘试驾哦！”和“这是我们的最新车型，喜欢的话可以安排您试驾！”这样的表达平淡无奇，客户到各个汽车展厅听到的都几乎是同样的话语，耳朵都听出老茧来了，所以很难引起客户试乘试驾的兴趣。

“您来试乘试驾感受一下吧，又不用您付钱！”这样的语气让客户听了感觉很不舒服，好像客户很喜欢斤斤计较一样。

导购策略

试乘试驾活动不仅能吸引人气，帮助销售人员有效“筛选”意向客户，而且还可以直接促进销售成交。所以销售人员一定要重视试乘试驾的作用，主动邀请客户参与试乘试驾。如果客户主动提出要试乘试驾或接受销售人员的试乘试驾邀请时，他已经对看中的车型进行了分析判断并基本认可，只要试乘试驾满意，那么成交的几率就很大了。

对于很有购买意向的客户，销售人员要把握机会，不要过早提出试乘试驾的建议。而且提出试乘试驾邀请时一定要有信心，这种信心可以通过语言与肢体的力量表现出来。销售人员在邀请客户试乘试驾时，一定要给客户“不试乘试驾难以挑选到适合自己的车”的信息，同时还要打消客户怕试乘试驾后不买可能遭到白眼的顾虑。

妙语范例

销售人员："×总，买车就像买衣服，您不亲自试一试，怎么知道合不合适自己呢?如果您想真正了解××这部车的话，一定要坐过开过后才能体会到它的好处，今天既然到了我们展厅，我建议您做一个试乘试驾!您等会看方不方便，我马上就给您安排?"

客户："我还有事情，没时间了。"

销售人员："啊！太可惜了！花30min，您看时间来得及吗？……那我特别为您安排一个试车的机会……今天不行的话那么周末吧!您是周六有空还是周日?那我就赶紧先帮您预订了!"

销售人员："×小姐，我们最近正在搞活动，对所有参加试乘试驾的客户都有一个'三重大礼'的赠送，只要办理一个简单的手续就可以了，我帮您登记一下吧?"

客户："不用了，我只是看看，不一定要买的。"

销售人员："您不必担心，不是试过车后就必须买，为您提供周到的服务是我们的责任，无论您选择哪个品牌的车，试乘试驾这个环节都是必不可少的，有了亲身的体验您才能选到最适合自己的车啊，而且我们××对试乘试驾是很看重的，一定要让消费者无怨无悔地买这个车，试完后如果感觉不好，您扭身就走，不用有任何代价和顾虑。下周日您还是过来试一试吧？"

销售人员："×先生，刚才我给您介绍的这些，您觉得还满意吧?"

客户："嗯。"

销售人员："其实买一款称心如意的车主要看以下五个方面：外观、动力操控、舒适、安全、超值性，而车子的很多性能都要通过试乘试驾才能体现出来的，您说对吗?"

客户："嗯，对。"

销售人员："毕竟买车是件大事，我们说得再好您也要亲自坐过开过才能真正放心，您看，我们已经为您准备好了车，就在展厅外面，我们一起去感受一下试乘试驾的乐趣吧!"

肖老师小结

- 提出试乘试驾邀请时一定要有信心。
- 让客户了解试乘试驾的必要性。
- 建议试乘试驾时不要轻易放弃，但不要超过三次。
- 一般请客户先试乘后试驾。

实战销售情景36：

试乘试驾过程中的引导

常见应对

1. 忘记提醒客户带有效证件来参加试乘试驾。
2. 销售人员在试乘试驾过程中说话过多。
3. 试乘试驾结束后销售人员没有及时促成。

诊断分析

“忘记提醒客户带有效证件来参加试乘试驾。”如果销售人员没有提醒客户带有效证件，那么客户就无法参加试乘试驾，从而耽搁双方的时间。

“销售人员在试乘试驾过程中说话过多。”销售人员说话过多，肯定会影响客户专心感受车辆的性能。

“试乘试驾结束后销售人员没有及时促成。”如果销售人员没有趁热打铁促成，等客户离开后购车热度就会逐渐减退，再次促成的难度更大。

导购策略

实践证明，有效利用试乘试驾这种销售的辅助工具，可以达到促进销售的作用。在试乘试驾的过程中，销售人员要为客户创造轻松融洽的试乘试驾环境，根据不同路段以精简的语言介绍试乘试驾车辆的性能，同时要留意客户的反应，对于客户表示认可的方面要适时肯定及赞美，对客户在操作过程中产生的任何疑问都要及时解决。

客户试乘试驾结束后，销售人员应针对客户特别感兴趣的性能和配置再次加以说明，并引导客户回忆美好的试驾体验，趁客户对车子的热度尚未退却时，伺机引导客户进入购买商谈阶段，自然促使客户成交。对于暂时未成交的客户，销售人员要留下相关信息，事后及时联系跟进。

妙语范例

试乘试驾前：

销售人员：“×先生（女士），您好，欢迎您来试乘试驾，下面由我来陪同您试乘试驾刚才展厅看过的××，您是准备先做试乘后做试驾吗?”

“在试乘试驾前有两份必要的文件需要您填一下，一份是《试乘试驾登记表》，另一份是《试乘试驾客户保证书》，同时请您出示一下驾驶执照，好吗?”(说的同时向客户出示文件，并指导客户填写)

“×先生(女士)，除了贵重物品，其他东西如果携带不方便，您都可以留在展厅里，我们公司会为您妥善保管好的。来，我帮您开门，小心别碰到头。”(为客户开门时，站到门后，面向客户，一手拉门一手护住门框)

“现在这个角度您坐着感觉舒服吗？”（为客户调好座椅）

“我这里有几盘CD音乐，您看看喜欢哪两盘？”

“好啦，×先生(女士)，请系好安全带，我们准备出发啦!”

试乘试驾中：

销售人员：“（起动发动机）×先生，发动机刚起动声音会比正常运转时响一些，这是因为发动机的最佳工作温度要90℃，冷车时发动机会转得快一些，让车子尽快达到最佳温度。大概两分钟发动机转动速度会降到正常状态，你可以留意一下。(两分钟后)你听到声音变小了吧，你对我们车子的发动机的怠速自动调整这个功能还满意吧?”(试起动)

“×先生，现在我们就去试试车子吧，我学车的时候师傅告诉我，起步平稳是很重要的，会直接影响到油耗、轮胎磨损、将来的二手车残值等。(起步后)你觉得我们的起步很平稳吧?”(试起步)

(找一个比较嘈杂的地方，把车窗玻璃摇下）“×先生，你觉得外面噪声很大吧？现在我把窗关上，你感受一下我们的隔音如何。（关上车窗）您听是不是安静多了？您感觉我们的隔音效果挺好吧?”(试隔音）

试乘试驾后：

销售人员：“×先生(女士)，刚刚试乘试驾过我们的××，您感觉如何?”

客户：“还行。”

销售人员：“×先生(女士)，看得出来您很喜欢这款××，您真是个行家，因为只有真正懂车的人开××才会有您刚才的感受。我想这部××非常适合您的要求，也希望您成为××大家庭的一员，如果您对这部车感觉满意，我们可以马上为您办理手续。您是喜欢深色系还是浅色系呢?”

客户：“我还想考虑一下。”

销售人员：“×先生(女士)，是这样的，我们现在正做促销活动，像您这样参加试乘试驾的客人如果当场下订单，可以获得一个额外的大礼包哦，要不您先坐下来休息一下，我帮您详细算一算?”

……

销售人员：“×先生(女士)，感谢您的光临，期待您再次来到××4S专卖店”(送客户至展厅外，目送离去，挥手致意)

- 营造舒适融洽的氛围，客户试驾时以精简交谈为原则，尽可能让客户专心感受车辆的操控特点。
- 试乘阶段应引导客户关注车辆优点，转移客户关注车辆的弱点。
- 客户试驾每体验完一个项目时，都要询问其感受，对积极的感受适当认同，对有异议的地方给予合理和客观的说明。

实战销售情景37：
客户与几个同伴一起参与试乘试驾

常见应对

1. 你们好，欢迎大家参加试乘试驾活动！

2. 大家好，我代表××品牌欢迎你们试乘试驾！

3. 你们好，我是陈华，大家可以叫我小陈，今天与你们一起试车！

诊断分析

“你们好，欢迎大家参加试乘试驾活动！”和“大家好，我代表××品牌欢迎你们试乘试驾！”这两种公式化的开场白过于平淡，而且既不作自我介绍，又不主动结识客户的各个同伴，难以与客户的同伴快速建立融洽的关系。

“你们好，我是陈华，大家可以叫我小陈，今天与你们一起试车！”这样的开场白中与客户及同伴打了招呼，自报了姓名，但难以在客户的同伴心中留下良好的印象。

导购策略

在试乘试驾过程中，客户很少单独参与，而是往往找几个懂行的“军师”一起参与。这些“军师”的意见与建议将在很大程度上影响客户的购买决定。因此，销售人员在与客户的同伴初次接触时，就要主动要求客户给你介绍每一位同伴。如果客户带着小孩，可以先和小孩拉拢关系，问问他的年龄，在哪儿上学；如果客户带着女性朋友，就多赞美从而获得她的好感。总之，要热情有礼、多说好话、多请教指点，尽快与客户的同伴打成一片。

妙语范例

销售人员：“大家好！非常感谢××先生/女士带大家过来参加试乘试驾，让我有机会与大家认识！我是小陈，这是我的名片，下面麻烦××先生/女士给我介绍一下您的这几位朋友，好吗？”（主动给客户的各个同伴递上名片）

客户：“好的，这位是……”

销售人员：“您好！很高兴认识您，××先生/女士多次在我面前提起您，说您是汽车方面的行家，还请您多多指教！”

销售人员：“大家好！今天能够认识大家并一起试车真是有缘分。我是小陈，这是我的名片。××先生/女士这么成功，身边肯定有一群成功的朋友，您能给我引见一下这几位好朋友吗？”

客户：“好的，这位是……”

销售人员：“您好！在座的各位肯定都是行家，如果我有说错或做错的地方，请一定要多多提醒和多多包涵。”

肖老师小结

- 一见面就主动与客户及其同伴打招呼。
- 主动要求客户给你介绍每一位同伴。
- 谦虚热情，主动与大家打成一片。

实战销售情景38：
这款车的车内空间有点小了

常见应对

1. 不小吧，我看挺好的。
2. 这款车卖得挺好的，很少有客户说它空间小啊！
3. 那您要不要看看更宽敞的车型呢？

诊断分析

“不小吧，我看挺好的。”这样的回答过于空洞，只是将自己的观点强加于客户，这样的说法明显缺乏说服力。

“这款车卖得挺好的，很少有客户说它空间小啊！”这样的回答过于自以为是，而且暗示客户的问题是多余的，难以消除客户的疑虑。

“那您要不要看看更宽敞的车型呢？”这样的回答相当于承认客户的说法是正确的，而且放弃了任何努力，使得销售工作不得不重新开始。

导购策略

车内空间是消费者买车时最关注的问题之一，因为车内空间大可以适应各种身材的人使用，后排空间充裕可以搭载尽量多的东西出门。客户如果提出“这款车的车内空间有点小了”，销售人员在回答这个问题时，可以从客户的身形、车的轴距、高度和宽度，以及前排腿部、肩部空间和后排头顶空间等几个方面着手，提供详细的数据，并结合相关专业知识进行解释，就可以成功解决客户的这个问题。

妙语范例

客户：“我感觉这款车的车内空间有点小了！”

销售人员：“其实一个人坐在车内的空间感是由腿部、肩部及头部的空间共同营造的，轴距长可以带来宽裕的脚步空间，但是头部和肩部空间是由车体的轮廓来决定。我们这款车的长、宽、高分别是××、××、××，轴距是××。这款车虽然轴距并不是很长，但车子比较高，采用比较垂直的坐姿，不会觉得空间小。您可以试一下腿部能否活动自如，腰部是否能感受到座椅的顶托，还有头部以上的空间是否压抑？如果感觉都还舒服的话，空间就不小了，您说呢？”

客户：“这款车的车内空间有点小了，你说呢？”

销售人员：“其实车内空间的大小是相对而言的，如果您是一个190cm的大个子，那这辆车的空间确实有点挤了，但您不是啊，你们一家三口都是健康苗条，要那么大的空间干什么呢！大车虽好，但购置费高、油耗大，停车也是个难题。像您这样的三口之家，选择这样的三厢小车就足够了。实际上只要驾乘者感觉舒适，就不存在太小的问题了。您说对吧？”

肖老师小结

- 提供详细的说明数据。
- 结合相关专业知识进行解释。
- 引导客户回答自己的问题。

实战销售情景39：
这款车的空调制冷效果很一般啊

常见应对

1. 不会呀，挺凉快的！
2. 可能是因为刚起动不久吧！
3. 可能是您特别兴奋才觉得热吧，我觉得还不错啊！

诊断分析

“不会呀，挺凉快的！”这种自以为是的否认，对于客户来说没有任何说服力，还会降低客户对销售人员职业道德的信任。

“可能是因为刚起动不久吧！”这样的解释很牵强，对客户没有说服力。

“可能是您特别兴奋才觉得热吧，我觉得还不错啊！”这样的回答把问题推到客户身上，给客户的感觉就是销售人员在瞎扯。

导购策略

汽车空调制冷效果的好坏直接影响车主的夏季用车质量，因此是客户购车时必须考虑的因素之一。对于客户提出的空调制冷性能方面的异议，销售人员可以从本车空调制冷性能与正常标准比较，通过具体的数据对比突出本车空调制冷的优越性；或者从本车空调制冷的特色（如强劲迅速的制冷效果、自动恒温空调及分区域空调等）着手，强调客户能获得的利益与好处，也可以轻松化解客户这方面的异议。

妙语范例

客户：“这款车的空调制冷效果很一般啊！”

销售人员：“其实对于汽车空调的制冷效果，目前还没有统一的评价标准。通常在车门窗密封及车身保温良好的情况下，空调在发动机转速1000r／min的速度下运转30min后，车内外温度差10℃或以上，就可判定为效果较好。”

客户：“那我们这款车的效果如何？”

销售人员：“刚才车厢内温度为32℃时我们启动了空调，出风口温度1min内迅速降到24℃，车内温度也明显降低；3min内车内温度感觉已非常舒服，此时出风口温度已经为8℃；5min40s左右，出风口温度降为5℃，此时压缩机自动停止工作，车厢内感觉非常凉爽。比我刚才说的标准高多了，所以我们这款车的空调制冷效果是非常出色的，您说呢？”

客户：“这款车的空调制冷效果很一般啊！”

销售人员：“哦，您误会了！我们这款车配备的是自动恒温空调，它可以按照车厢内的空气温度自动作出调整，按照人体的感受与安全驾驶的理论，自动控制冷、暖风的输出，随时保持全车内部的最佳温度，而且风量、风向也比较均匀柔和，从而避免温度骤冷骤热带给人们不适，所以您感觉车内的温度比较温和，其实这正是我们这款自动恒温空调的最大特色，您说呢？”

无论客户提出的意见是对或错，都必须尊重客户。

通过将本车空调制冷性能与正常标准比较，突出本车空调的优势。

对本车空调具备的特色进行分析，从而间接化解客户的异议。

实战销售情景40：
行驶的速度好像有点慢哦

常见应对

1. 不会啊，怎么会呢？

2. 这样的速度不慢啊！

3. 可能是因为您不习惯吧！

诊断分析

“不会啊，怎么会呢？”和“这样的速度不慢啊！”这两种回答表达的都只是销售人员自己的主观看法，对客户没有丝毫的说服力。

“可能是因为您不习惯吧！”这样的回答把责任推到客户身上，容易引起客户的反感。

导购策略

在试乘试驾的过程中，客户往往会提出各种各样的问题，销售人员要熟悉自己车辆的各种状况，尽量通过专业知识来控制客户的思路，引导客户对试乘试驾车辆进行正面积极的体验与感知。

在回答客户关于“行驶的速度好像有点慢哦”的异议时，销售人员可以从汽车风窗玻璃的特别构造、汽车的平稳性等方面着手，将客户的异议变成产品优势的展现，从而有效地消除客户的疑虑。

妙语范例

客户：“行驶的速度好像有点慢哦！”

销售人员：“我明白您的意思，很多客户和您一样都误认为在试驾时，要把车开得很快，才能够检测出车子的品质，其实不然，平心而论，我们卖的并非F1赛车，平时也很少有允许我们开快车的场地，所以以快论车，绝非正确的论断。其实试驾主要是为了试出这个车子的动力、速度和空间这三大方面是否符合您的要求，您说对吗？”（行驶速度确实比较慢时的解释）

客户：“行驶的速度好像有点慢哦！”

销售人员：“哈哈，很多人第一次试驾这款车时都会有这个感觉，其实您看看速度表就知道现在已经是时速120公里了。”（行驶速度“感觉”比较慢时的解释）

客户：“那为什么感觉不快呢？”

销售人员：“有两方面的原因，一是因为我们的风窗玻璃是由两层玻璃中间加一层PVB胶片制成的一种安全玻璃，不仅隔热、防紫外线，还可以降低驾驶员对驾驶速度的敏感性；二是这款车具有优越的平稳性，车行驶得越平稳就越有慢的感觉，就好像您在凹凸不平的乡村道路上开几十公里的时速就会感觉很快了，而到了高速公路开100公里的时速也觉得很慢。这款车因为有很好的减振效果，行驶起来更加平稳，所以感觉也就不那么快了，您说呢？”

客户：“行驶的速度好像有点慢哦！”

销售人员：“其实您不问这个问题，我也正想跟您解释呢！”（行驶速度“感觉”比较慢时的解释）

客户：“那你解释一下？”

销售人员：“这行驶的速度感觉不快，主要是由这款车的夹层风窗玻璃引起的，它是由两层玻璃中间加一层PVB胶片制成的一种安全玻璃，光学性能好，不但可以吸热、防紫外线，还可使光线变得很柔和，从而能给人一种减速的感觉。另外，这款车减振效果好，开起来很稳，也会让您感觉速度不快。其实您看看速度表就知道，现在的时速已经超过100公里了，您说这速度慢么？”

肖老师小结

在真正回答客户的问题之前先下一个“垫子”，让沟通更顺畅。

从汽车风窗玻璃与汽车的平稳性两方面解答客户的疑问。

引导客户对试乘试驾车辆进行正面积极的体验。

实战销售情景41：
天窗会不会影响车的安全性

常见应对

1. 应该不会有影响的。
2. 没听说过天窗会影响车的安全性的！
3. 您放心，肯定不会影响的！

诊断分析

“应该不会有影响的。”这种回答意思很模糊，无法消除客户对汽车安全性的担心。

“没听说过天窗会影响车的安全性的！”这样的回答没有礼貌，而且含有责怪客户对提出的问题过于大惊小怪的意思，容易让客户反感。

“您放心，肯定不会影响的！”这样的回答对客户的担心作出了正面的回答，但还应加上正确的解释才能有效消除客户的疑虑。

导购策略

汽车的安全性对于客户来说是至关重要的，天窗能为驾乘者带来驾乘的乐趣，同时也会让客户担心它对车辆安全性的影响。要消除客户的担心，销售人员首先要表现得自信和专业，然后详细解释天窗不会影响车辆安全性的原因，让客户感受到“天窗绝对不会影响车辆的安全性”，如此一来，客户的顾虑自然就消除了。

妙语范例

客户：“天窗会不会影响汽车的安全性？”

销售人员：“我理解您的顾虑，但是天窗绝对不会影响汽车的安全性，您的担心是多余的！因为为驾乘人员提供安全保护的是车身的承载框架，而不是车顶薄薄的钢板，所以只要不破坏承载框架，天窗就不会影响汽车的安全性。您也知道，世界上大部分高档的豪华车都是配有天窗的，它绝对不会影响安全性，而且还会给驾乘人员带来更多的乐趣。您说呢？”

客户：“听说天窗会对汽车的安全性有影响？”

销售人员：“关于这一点请您放心，目前国内大部分车型都是承载式车身，车身是由框架组成的，碰撞受力在车身的纵梁，而车顶只是由薄薄的钢板覆盖起到隔声、挡雨的作用，所以天窗对安全性没有直接影响。况且我们这款车是带天窗的车型，车厂在设计时就已经考虑了汽车的安全性。您就放心享受天窗带来的清风与阳光吧！”

肖老师小结

- 明确告诉客户，他的担心是多余的。
- 解释天窗与汽车安全性之间的关系。
- 最后将话题转移到天窗带来的乐趣上。

实战销售情景42：

车轮抓地性能一般，而且开快了车身有点飘

常见应对

1. 您开慢一点就不会这样了。
2. 这都是正常现象啊！
3. 什么车开快了都会这样子的！
4. 30万以上的车子就不会这样，您要试试吗？

诊断分析

“您开慢一点就不会这样了。”这样的回答说了等于没说，因为谁都知道车开慢了就不会飘了，客户的异议还是没有消除。

“这都是正常现象啊！”和“什么车开快了都会这样子的！”这两种回答都是明显带有推卸责任意味的应对，会降低客户对销售人员的信任度。

“30万以上的车子就不会这样，您要试试吗？”这种应答是故意拆客户的台，让客户难堪，结果只能导致销售失败。

导购策略

汽车在高速驾驶时，底盘重心高、车身较轻、平衡不好、车形与空气动力的相匹配等都是影响汽车发飘的因素。当客户提出关于汽车发飘的异议时，销售人员可以根据具体情况选用专业知识解答，如果配合使用不同的提问方式，掌握与客户谈话的主动权，将客户的注意力转移到有利于自己解决异议的内容上，效果会更佳。

妙语范例

客户："车轮抓地性能一般，而且开快了车身有点飘！"

销售人员："高速行驶时，使汽车发飘的主要原因是空气动力学的相关因素，气流从车辆底部产生了向上的托力，从而使轮胎的抓地力降低，导致车辆发飘。其实即使是最高档的车，超过了一定的限速，都是会感觉发飘的，您说对吗？"

客户："嗯，对呀！"

销售人员："如果您将这款车买回家，那么您一般会在哪里开？"

客户："市区和市郊啊。"

销售人员："那您一般的时速是多少？会超过120公里吗？"

客户："应该不会吧，交通状况也不允许开那么快啊！"

销售人员："既然是这样，您就没必要担心时速超过120公里时车子会发飘啦，对不对？"

客户："车轮抓地性能一般，而且开快了车身有点飘！"

销售人员："您是很喜欢飙车还是经常要走高速呢？"（选择性提问，转移问题）

客户："不是啊，不过偶尔短途旅游也要走高速吧？"

销售人员："如果您主要是在市区行驶的话，时速不可能太快。我们这款车时速超过120公里才会感觉有点飘，而您在市区的时速一般不可能超过100公里，所以您平常开的时候根本不会出现这个问题。您说对吗？"

客户："车轮抓地性能一般，而且开快了车身有点飘！"

销售人员："据我所知，您买这款车主要是用于在市内上下班代步，对吗？"

客户："没错啊！"

销售人员："因为燃油价格不断上升，所以您很看重这款车的低油耗，是吗？"

客户："对。"

销售人员："既然是这样问题就来了，您要低油耗，车子的重量就不可能太重；而车子不重，开得太快就会发飘，鱼与熊掌不可兼得啊！不过，您根本就不必为此烦恼，因为您上下班的时速肯定不会超过100公里，不超过这个时速，车子就会稳稳当当的，根本不会出现您说的这种情况。而且开车安全是第一位，开慢一点比什么都强，您说对不对？”

肖老师小结

- 详细掌握影响汽车发飘的各种原因。
- 使用不同的提问方式，掌握与客户谈话的主动权。
- 引导客户回答自己的问题。

实战销售情景43：
这款车的加速性能好像很一般哦

常见应对

1. 是吗，我觉得还不错啊！
2. 在同档次的车里面，这款车已经算比较好的了。
3. 一分钱一分货，它肯定不能跟几十万的高档车比啦！

诊断分析

“是吗，我觉得还不错啊！”这种回答使用了怀疑及自说自话的语气，让客户感觉被敷衍，可能会令问题复杂化。

“在同档次的车里面，这款车已经算比较好的了。”这样的回答是默认客户的说法是正确的，而且实际情况可能更糟糕。

“一分钱一分货，它肯定不能跟几十万的高档车比啦！”这样的回答是暗示客户选择价格较低的车就必然是质量较次的，这会损害客户的自尊心，生意也肯定泡汤。

导购策略

加速性能是评价汽车的重要指标之一，也是客户在试乘试驾过程中必然会提到的问题之一。销售人员在回答这类问题时，可以通过开放式的提问了解客户的真实想法，然后把客户对汽车加速技术参数的注意力巧妙地转移到实际应用的必要性上，从而引导客户正确选择符合自己需要的车子。

妙语范例

客户：“这款车的加速性能好像很一般哦！”

销售人员：“您为什么会这样认为呢？”

客户：“因为这款车0～100km/h的加速时间为12s，我听说超过10s就说明加速性能不好！”

销售人员：“看来您是做足功课，有备而来啊！事实上很多消费者跟您一样对汽车的性能还仅仅停留在‘百公里加速度’上，认为0～100km/h加速越快就越好。其实您买车是为了方便上下班，实际的驾驶环境是在交通繁忙的市区，就算加速再快，又有多少机会来一次百米赛跑呢？况且猛踏加速踏板，既增加油耗浪费金钱又加大了对环境的污染。您说对不对？”

客户：“您说得也有道理。”

销售人员：“除非您很喜欢飚车，否则的话这款车的加速性能已经完全可以满足您的日常驾驶需要了。其实试乘试驾最重要的就是亲身试一试车子的动力和操控符不符合自己的驾驶习惯，如果符合，那就是好车，您说呢？”

客户：“这款车的加速性能好像很一般哦！”

销售人员：“您很喜欢飚车吗？”

客户：“不是啊，那样太危险了。”

销售人员：“那您买车的主要用途是什么？”

客户：“上下班代步、节假日出游啊！”

销售人员：“其实这款车0～100 km / h的加速时间为12s，在小型家用车中表现也算很不错了，至少完全可以满足您的日常驾驶需要。说实在的，其实那些加速时间参数对于像您这种想购买家庭用车的人来说，一点意义都没有。因为您一般都是在市区开车，还没有挂上四档，就碰到红灯了，或者刚起步就堵车了，就算好不容易有机会爽了一把，说不定过了两天就接到超速罚单了。所以只要您自己开着舒服、顺畅，符合自己的驾驶习惯就是好车了，您说对不对？”

肖老师小结

- 通过提问了解客户的真实想法。
- 用实际驾驶的状况说明加速时间参数没有意义。
- 引导客户选择符合自己驾驶习惯的车。

实战销售情景44：

内饰做工还算细腻，但塑料感较强，不高档

常见应对

1. 这款车的设计就是这样的！
2. 怎么会不高档呢，这样的设计现在很流行哦！
3. 我还是第一次听到这样的说法。
4. 这样的做工已经很对得起这款车的价格了。

诊断分析

“这款车的设计就是这样的！”这样的说法相当于没有回答客户的问题，给客户勉强敷衍了事的感觉。

“怎么会不高档呢，这样的设计现在很流行哦！”这种回答有些强词夺理，其中质问的语气会令客户很不舒服，而且后半句话有暗示客户落伍的意思。

“我还是第一次听到这样的说法。”这样的回答暗示客户的想法很另类、怪异，容易让客户不快甚至动怒。

“这样的做工已经很对得起这款车的价格了。”这样的回答暗示客户买的是便宜货，没有资格挑剔质量。这样的应对会令客户很反感。

导购策略

任何产品都会存在一些缺点，而且这些缺点往往是你销售失败的罪魁祸首。但是永远不要刻意隐瞒产品的缺点，因为客户一旦发现你在有意欺骗他，就必然会导致你丧失信誉和生意。所以，当客户意识到产品存在某一项缺点时，你首先要勇敢地承认，然后再想办法把客户的眼光引向产品的优

势，着重表现出产品高于其他同类产品的地方。只有这样，才能有效地弥补产品本身的弱点，且化缺点为优点，转“危”为“机”。

因此，当客户提出“内饰做工还算细腻，但塑料感较强、不高档”的异议时，销售人员首先应该承认这个事实，然后再给客户一些补偿，让他取得心理的平衡，也就是让他产生两种感觉：一是产品的价格与售价一致的感觉；二是产品的优点对客户是重要的，产品的不足并不会对客户产生什么不良影响。

妙语范例

客户：“内饰做工还算细腻，但塑料感较强、不高档！”

销售人员：“您真是眼光独到，这款车的内饰材料确实不是最好的，因为如果选用最好的材料，整车的价格恐怕要高出现在的30%以上，而且细腻的做工也弥补了材料的部分不足。以目前这个价格能够买到这样一款安全、省油、配置齐全的中级轿车，已经是很难得了，您说呢？”

客户：“内饰做工还算细腻，但塑料感较强、不高档！”

销售人员：“您真是行家，这款车的内饰材料确实不是最好的，因为如果选用最好的材料，整车的价格恐怕要高出现在的30%以上。而且您也知道，世界上没有十全十美的产品，以我们这款车的品牌、配置、性能、做工和售后服务对于它的售价而言，绝对是物超所值的，所以内饰材料这个小小的不足并不会影响您买这款车，对吗？”

肖老师小结

- 坦率承认车子存在的不足。
- 用补偿法解释内饰选材不足的原因，有效弥补这个弱点，令客户达到心理平衡。
- 将客户的眼光引向车子具备的优势上。

实战销售情景45：

发动机噪声、胎噪和风噪都挺大啊

常见应对

1. 是吗？我感觉还可以接受啊！
2. 挺好的，哪里大呢？
3. 这已经不算大了！
4. 您要求不要那么高，我们很多客户都觉得不错啊！

诊断分析

“是吗？我感觉还可以接受啊！”这样的回答是把自己的观点强加于客户，很容易引起客户的反驳“你可以接受，那你就付钱买回家吧”。

“挺好的，哪里大呢？”和“这已经不算大了！”这两种回答只是简单地否定客户的问题，难以真正说服客户。

“您要求不要那么高，我们很多客户都觉得不错啊！”这样的回答相当于指责客户过于挑剔，容易引发双发的争吵和冲突。

导购策略

汽车噪声的大小是衡量汽车质量水平的重要指标，客户在购车的时候会特别在意汽车行驶时的噪声。客户在试乘试驾时往往会提出汽车噪声过大的问题，销售人员在解答这样的问题时，首先要告知客户“无论开什么汽车，噪声都肯定会存在，而声音的大小是相对而言的”，有效降低客户对“没有噪声”的期望值。然后通过对比、数据分析等方式解释本车在噪声处理方面的优势，从而解除客户对噪声方面的异议。

妙语范例

客户："发动机噪声、胎噪和风噪都挺大啊！"

销售人员："首先您要正视一件事，就是车辆起动之后产生振动是绝对的，振动就会产生声音，而声音的大小是相对而言的，主要取决于个人的感知和判断，即使再小的噪声，如果您听不习惯，可能也会觉得声音大。您说对吗？"

客户："可能是我第一次听不习惯吧。"

销售人员："而且据我了解，这款车的噪声是比较小的，而且很流畅均匀，有一种特殊的美感，只要您将它与别的车比较一下就知道了，这简直不可以称它为噪声啊！可能是因为您太喜欢它，所以对每一个细节都非常在意，所以才觉得噪声大，您说是吗？"

客户："发动机噪声、胎噪和风噪都挺大啊！"

销售人员："其实您也知道，汽车噪声的大小除了与它内部的设计、制造、工艺和材料有关之外，还与行车的速度、路况和风力等有着密切的关系。在处理噪声方面，这款车的表现已经是同等档次车里面的佼佼者了，我刚才记录了一些具体的数据，您有兴趣了解一下吗？"

客户："您说吧！"

销售人员："刚才时速80公里之前，车厢内很安静，几乎听不到发动机声音，略微听到胎噪和风噪；而时速在100公里左右时，有发动机的声音传入，胎噪风噪也开始明显，但是并不影响我们正常谈话；而到了时速150公里以上时，可以听到发动机悦耳的啸叫声，胎噪风噪反而不明显了，我们还可以随便聊天。其实这样的噪声完全属于可以接受的范围，您说呢？"

肖老师小结

- 首先肯定汽车噪声存在是必然的。
- 通过对比、数据分析等方式解释本车在噪声处理方面的优越性。
- 强调本车的噪声是较小的、是可以接受的。

实战销售情景46：

你不会把试乘试驾的车卖给我吧？

常见应对

1. 您放心，应该不会啦！
2. 厂家规定不能这样做的！
3. 您放心，我们绝对不会这样做的。

诊断分析

“您放心，应该不会啦！”这样的语气不够坚决，给客户模糊不清的感觉，难以让客户真正信服。

“厂家规定不能这样做的！”这样的回答也很难令客户完全信服，因为他会想“厂家规定不能这样做，但谁能保证4S店不会这么做呢？”

“您放心，我们绝对不会这样做的。”这样明确、坚定的回答能够给到客户一些信心，但还需要继续解释保证的具体措施。

导购策略

近几年的试乘试驾活动日益增加，汽车厂商都期望通过试乘试驾来刺激消费者的购买欲望，由此产生了大量的试乘试驾车。客户一般都是很有购买意向才参加试乘试驾活动，但又担心会买到被试乘试驾过的车，所以才会提出这方面的异议。

销售人员在回答这个问题时，一定要坚定、自信，以明确的保证带给客户充足的信心，然后再详细解释被试驾过的样车是如何处理的，具体的处理途径有哪些，让客户清楚地了解试乘试驾样车的流向，从而彻底消除心中的疑虑，放心购买自己看中的车。

妙语范例

客户：“你不会把试乘试驾的车卖给我吧？”

销售人员：“关于这一点，请您一定放心！我们是绝对不敢拿试乘试驾的车当新车去‘糊弄’您的，因为如果您一旦投诉到厂家，我们将会受到很严厉的处罚，那样我们的损失就大了。所以，这种直接影响到我们公司的名誉，砸公司牌子的事情，我们是绝对不会做的，您放心好了！”

客户：“那这些车最后怎么处理呢？”

销售人员：“我们公司的试驾车一般都作为公司的商务用车，或者以一定的折扣低价卖给内部员工或员工介绍的亲戚、熟人等，所以都是‘内部消化’完毕的，您就放心按时提您的新车好了！”

客户：“你不会把试乘试驾的车卖给我吧？”

销售人员：“绝对不会！我们××4S店最重视的就是诚信，绝对不会拿自己的信誉开玩笑，这种事情在我们店是绝对不可能发生的，请您放心好了！”

客户：“你们经常举办试乘试驾活动，那些车子最后去哪里了？”

销售人员：“您真是很细心！关于您的这个问题，我们有几个解决的途径，一是把试驾车作为公司的自用车；二是卖给公司的内部员工、员工亲属等；三是公司作为测试用车，最后用于肢解作为数据的参考；四是销售给二手车交易市场。因此，您不必要担心太多，我们保证给您的绝对是新车，您就放心吧！”

肖老师小结

以明确的保证给客户充足的信心。

详细解释被试驾过的样车是如何处理的。

引导客户放开顾虑选购自己的车。

五、价格异议处理

价格异议是客户买车前故意放出的烟雾弹，也是客户讨价还价的最后一道防线。汽车销售人员应从材料、工艺和售后服务等方面证明价格的合理性，或者在紧要的关头提供赠品补偿或象征性地降价。

实战销售情景47：

这款车还行，就是太贵了

常见应对

1. 现在已经降下来了，原来还更贵呢！
2. 一分钱一分货嘛，好东西肯定贵啦！
3. 那您认为多少钱不贵呢？
4. 我们这里不算贵了，要不您到其他车行去比较比较，如果没有更低的价格，您再回来？

诊断分析

“现在已经降下来了，原来还更贵呢！”这样回答即使说的是事实，也难以说服客户。

“一分钱一分货嘛，好东西肯定贵啦！”这个回答显得卖者理直气壮，但对于买者来说还是没有将“为什么贵”这个问题解释清楚。

“那您认为多少钱不贵呢？”这样的回答将使自己过早地陷入到与客户讨价还价的被动局面。

“我们这里不算贵了，要不您到其他车行去比较比较，如果没有更低的价格，您再回来？”这样“赶客户”式的回答很危险，只要竞争对手的价格稍低，客户就不可能再回来光顾了。

导购策略

客户永远都希望能够买到物美价廉的产品，抱怨价格贵是客户的习惯，也是表面的现象。如果客户不能充分认识到你的产品能给他带来的价值，他自然会认为你的产品根本不值这个价钱，永远嫌贵是必然的事情。

对于这类客户，与其对价格进行反复讨论是最不明智的，销售人员不能因为客户说贵了，就惊慌失措或者生气，而是要向客户友好地解释车子物超所值的原因，设法让客户理解你的产品的价值和认同由此带来的利益，让他们相信产品的价格与价值是相符的。

妙语范例

客户：“这款车还行，就是太贵了？”

销售人员：“您真是眼光独到，看中的是我们这里性价比最高的一款车！您看它的外形时尚、现代，‘太空舱’式设计使风阻系数仅为0.308，配备2.0L的发动机，0～100km加速只需9.9s，百公里速油耗仅为6.6L，达到国Ⅳ排放标准。值得一提的是它周身遍布高科技的智能网络，中央固定集控式转向盘、随动转向双氙气前照灯、博世最高版本ESP及全系列标配的定速巡航和限速器，使得驾乘更轻松安全。如此完美的一辆车才需要14.98万元，简直是物超所值啊，您说呢？”（将重心转移到车子的配置和性能上）

客户：“这款车还行，就是太贵了？”

销售人员：“其实我们公司对周边的车行、4S店做过市场调查，在同一档次的汽车中，我们品牌的价格相对较低，但配置是最齐全的，售后服务也是最完善的。”（通过对比，凸显优势）

客户：“这款车还行，就是太贵了？”

销售人员：“您说得对，这车系出名门，又是最新款式，价格确实是贵，但像您这样的成功人士就该坐这样的好车！因为只有这样的好车才能带给您既豪华又安全的感受，彰显您与众不同的身份和地位，您说对不对？”（将重心转移到满足客户的虚荣心上）

肖老师小结

不要因为客户嫌贵就轻易降价。

解释时将谈话的重心从价格转移到价值上。

引导顾客回答他们自己的异议。

实战销售情景48：车市我每周末都逛，就你们价格高

常见应对

1. 是吗，可能吧！
2. 您要这样说我也没办法！
3. 是吗？品牌不一样啊！

诊断分析

“是吗，可能吧！”和“您要这样说我也没办法！”这两种回答相当于默认客户的说法，承认自己的价格确实比其他品牌高。

“是吗？品牌不一样啊！”这种回答带有质疑的性质，但没有提供任何证据，难以真正说服客户。

导购策略

对于买车这样的大件商品，客户一般需要较长的思考时间，他们会查找相关的资料、探听使用者的口碑，并很有耐心地去不同的地方比价。为了维护自己的利益，客户一般会采取三次价格攻势，第一次是口头上要求降价，却不讲出理由；第二次是搬出竞争对手来压价；第三次是在鸡蛋里面挑骨头。

因此，销售人员必须对竞争对手的情况有清晰的了解和把握，并对彼此的优缺点了如指掌。在处理客户的第一次价格异议时，应尽量将价格转移到价格形成的原因上去，例如突出产品质量、利益点、品牌影响力以及售后服务等方面的优势，尽量说服客户。

妙语范例

客户：“车市我每周末都逛，就你们价格高!”

销售人员：“您说得一点都不错，我们的价格确实是比较高的！但它的贵是有道理的，为什么呢？原因有三点！”（把客户对价格的兴趣引导到价格贵的原因上）

客户：“哪三点？”

销售人员：“第一，它是具有100多年历史的国际名牌，是身份的象征；第二，它是品质的保证，是尖端技术的代表；第三，它是星级售后服务的保证。我们的车子绝对是贵得物有所值的，您说呢？”

客户：“车市我每周末都逛，就你们价格高！”

销售人员：“看来今天遇到行家了！事实上价格的高低是相对而言的，就好像五星级酒店绝对要比小旅馆的价格高，因为它的硬件和服务相差好几个档次。同样道理，将我们这样的品牌专营店与一般的路边店比较是没有意义的。购买汽车这样的大件商品，最重要的是要挑选一家实力雄厚、信誉可靠、具备相应资质的经销商，这样才买得安心用得放心，您说是吧？”

肖老师小结

在客户购买欲望不是很强的情况下，不要谈论降价。

将价格转移到价格形成的原因上去。

解释时要突出产品的优势。

实战销售情景49：

你们的牌子不出名，价格还那么贵

常见应对

1. 哪有这回事，我们的价格最实惠了！
2. 是吗，我们的价格很大众化啊！
3. 我们也是名牌啊，可能您听说得少而已！
4. 不会吧，很少客户说我们的价格贵啊！

诊断分析

"哪有这回事，我们的价格最实惠了！"和"是吗，我们的价格很大众化啊！"这两种简单直接的表达，没有提供具体的证明，缺乏说服力。

"我们也是名牌啊，可能您听说得少而已！"这种回答暗示客户孤陋寡闻，容易得罪客户，而且对于价格异议的化解没有起到任何作用。

"不会吧，很少客户说我们的价格贵啊！"这种回答暗示客户故意找茬，容易引发争辩。

导购策略

客户对价格有着天生的敏感，其实价格高低对于客户来讲只是一种感觉。这种感觉主要来源于与竞争对手的对比，或者是客户所处的环境和阶层，这些因素都可能导致客户对产品的价格产生不同的理解。

一般情况下，客户对于品牌知名度高且质量很好的车子愿意支付高价，对于品牌知名度低但质量很好的车子愿意支付中价，对于不知名且质量差的车子则拒绝购买。因此，当客户以品牌知名度不高为理由挑剔价格时，你可以先肯定对方意见中非实质性的内容，与客户产生共鸣，再借机顺势表达自己不同的看法，把客户的注意力转移到车子的质量上去。

妙语范例

客户：“你们的牌子不出名，价格还那么贵？”

销售人员：“您的这个问题很有代表性，确实有很多客户向我们提出过这样的问题，这要怪我们公司只重视产品质量，把主要精力都用在汽车的安全性、操控性能等核心技术的研发上，忽视了品牌的宣传推广。”（认同客户，承担责任，再接着解释）

销售人员：“现在像老黄牛一样埋头搞生产，老老实实抓质量是要吃亏的，必须像母鸡一样下了蛋就叫，这样别人才能知道。我们的高层已经意识到品牌宣传的重要性，宣传推广攻势将于下半年正式展开。目前以我们这样质量一流的车子卖这个价钱已经是相当实惠了，等知名度提高之后绝对要提高30%以上的，您要抓紧时机下单啊!”

客户：“你们的牌子不出名，价格还那么贵？”

销售人员：“是的，正如你说的，我们的品牌知名度的确不是很高，那是因为我们没有在广告宣传上投入太多，我们大部分资金都用在产品研发和技术更新上了，毕竟企业的真正知名度在于顾客对产品质量的认可，对技术的赞赏。现在我们产品的质量和技术都是走在行业的最前沿。到目前为止，我们荣获了一系列的荣誉……”（最好提供荣誉证书等复印资料）

肖老师小结

认同客户的说服，不要试图抵抗和反驳。

把说明的重点放在汽车的质量上。

让客户接受你这个人，然后再接受你的观点。

实战销售情景50：

客户提出这款车网上报价低很多

常见应对

1. 不可能吧，您在哪里有到的?
2. 网上的东西您别信那么多!
3. 网上那么便宜为什么您不在网上买?

诊断分析

“不可能吧，您在哪里看到的?”这种回答是质疑客户的说法，容易让客户产生不满。

“网上的东西您别信那么多!”这种教训人的语气会让客户生厌，无法继续交流下去。

“网上那么便宜为什么您不在网上买?”这种带有嘲讽语气的回答，是明显的赶客户的语言。

导购策略

对于客户提出这款车网上报价低很多这个问题，销售人员应利用以下几点逐一消除客户的疑虑：汽车作为大宗耐用消费品，提醒客户在网上购买是否值得信任;其次购车过程是一个比较长的决策过程，提醒客户要反复体验、试驾、对比才能决定;此外，提醒客户留意上牌、跨地域保险理赔、售后服务等都是网购不可避免的问题。

对于这类对价格比较敏感的客户，销售人员在客户提出异议的最初阶段应阐述价格的公道与合理性，让客户理解安心，不再抵抗价格，然后分析可以带给客户的独特利益，使客户保持兴趣继续商谈或决定购买。

妙语范例

销售人员：“先生(女士)，我们买车买的不光是一件商品，还包括对售后服务的承诺，包括整个汽车销售服务的流程，您说对吧?”

销售人员：“您说的网上报价应该来自上海和北京，他们与我们4S店的报价之间存在三四千块钱的差异是有可能的，因为上海、北京都属于一类城市，他们一个4S店每月能卖四五百台，咱们这里只能卖一百来台，厂家给他们的价格低，这是我们价格高的主要原因。”

销售人员：“您可以去他们那里买，但一定要仔细考虑清楚以下几个问题：首先是上牌问题，因为厂家对区域经销商是有保护的，不允许在异地卖车，如果您去买，就必须上他当地的牌照，当然您也可以过户过来，但过户的费用要一两千块钱。而且过户后您的新车就成二手车了，如果您以后想换车，再卖出去的价格就会大受影响了。第二，您要上牌就必须在当地上保险，要是回来后出险的话，您还要到他们那里去理赔，这要花多少时间和差旅费啊？第三，您去上海、北京提新车往返所需的住宿费、过路过桥费、油费等，我想加起来至少也得两三千元吧？还有，就是您的售后服务如何能得到保证？您不可能以后每5000公里保养都到北京、上海去吧？为了节省这一两千元，您要承担这么多风险，您觉得值不值得呢？”

销售人员：“在卖车的这几年里，也有很多客户像您一样提到过这个问题，但经过认真分析对比之后真正去网上购买的我还没有见过，因为那样做不值得啊。您放心吧，我们给您的价格绝对是很优惠的!至于网上的报价是不能尽信的，我们作为这个地区最大的经销商，价格上肯定比别人有优势，但最多也就只能让几百元。您想一下，买汽车这样的大件商品，质量和售后服务是最重要的，在网上购买以后出了问题您找谁去?还是在我们这里购买最放心，您说呢?”

肖老师小结

- 解释价格存在差异的合理性。
- 详细分析网上购车存在的风险和弊端。
- 强调4S店购买的优势。
- 展示价格公道实在的诚意。

实战销售情景51：
虽然喜欢这款车，但我买不起啊

常见应对

1. 不会吧，这个价格已经很低了！
2. 不过这是公司统一规定的最低价，不能再便宜了！
3. 那您要不要看看低一个档次的车？

诊断分析

“不会吧，这个价格已经很低了！”这个回答暗示客户价格已经很低，再往下降的空间不大，但客户还是会继续讨价还价的。

“不过这是公司统一规定的最低价，不能再便宜了！”这个回答直接拒绝了客户关于降价的想法，让双方失去了回旋的余地。

“那您要不要看看低一个档次的车？”这种回答没有设法去解决客户关于价格的异议，而是引导客户退而求其次，会让客户感觉很不舒服。

导购策略

一笔交易的成交必须满足三个条件，一是客户有实际需求、二是客户有支付能力、三是客户有决策权。当客户提出“买不起”的时候，销售人员就要想办法摸清客户的真实想法：是真的没钱支付还是目前钱不凑手？或是对产品还有疑问？或是降价的借口？

针对客户的具体情况，我们可以采取不同的应对策略，如果是没有足够的钱支付，那么可以建议客户采用分期付款的方式购买，这样购车款变成了首付款和每个月的月供款，支付能力的问题就解决了。如果是对产品有疑问，那就要通过询问具体解答。如果是想降价，那就要根据客户对价格的态度，灵活作一些让步。

妙语范例

客户：“虽然喜欢这款车，但我买不起啊？”

销售人员：“您很希望拥有这款车，只是觉得一次性付那么多钱有点心疼罢了！其实就算是那些大老板，买车时也都不愿意拿出大笔钱去交的，所以我们公司可以为客户提供多种付款方式，其中如果您采用分期付款的话，只需首付三万多，以后每个月付一千多，相当轻松，绝对不会有压力的。您看在我们专卖店就有××银行的按揭代办点，我带您一起去问问？”

客户：“虽然喜欢这款车，但我买不起啊？”

销售人员：“您真会开玩笑！计划买车的都是有钱的人哪，您都说没有钱我们这车都卖给谁呢？”（根据客户的外表判断其经济状况，以调侃的语气调节气氛，引导客户说出实情）

客户：“呵呵，不要这样说，这车我是很喜欢，但价格确实贵了点！”

销售人员：“关于这一点，我想想看，现在马上就要到月底了，如果销售情况好的话，经理可能最多只批准我们赠送一些小礼品；如果销售还没达标的话，那就可以争取一份价值三千元的一年全保。若您今天就能定下来且带了定金的话，我现在就帮您去问问？”

客户：“虽然喜欢这款车，但我买不起啊？”

销售人员：“您放心，价格上我们肯定会尽量给您实惠，除了价格您还有没有不满意的地方呢？”

客户：“我觉得红色比较招摇，如果有白色就好了！”

销售人员：“那太好了，这款车是有白色的，只是大部分客户都喜欢红色，所以我们只进了红色的。如果您下单交了定金的话，我们可以帮您从厂家调一台白色的来，而且白色的比红色的还优惠一千元呢，您现在就定下来吧？”

肖老师小结

如果是客户支付能力不足，可建议客户分期付款。

如果客户对产品有疑问，可通过询问客户后具体解答。

如果客户是要求降价，根据客户对价格的态度灵活让步。

实战销售情景52：

我是你们的老客户介绍过来的，可以优惠多少

常见应对

1. 很抱歉，我们的价格都是公司统一规定的！
2. 不好意思，我们这里新老客户都是一个价。
3. 对不起，就是老客户再过来买，价格都是一样的！
4. 您希望优惠多少？

诊断分析

“很抱歉，我们的价格都是公司统一规定的！”这样的回答将不能降价的责任推卸给公司，让客户对公司留下冷漠无情的印象。

“不好意思，我们这里新老客户都是一个价。”这种回答直接拒绝客户的请求，让客户感觉你对新老客户都不尊重，没有人情味。

“对不起，就是老客户再过来买，价格都是一样的！”这个回答是暗示客户“就是老客户再来买车都不会降价，何况是老客户介绍过来的呢？”，这样会让客户没有面子且很气愤。

“您希望优惠多少？”这样的回答过早地主动挑起价格战，提高了客户对降价的期望值，将会使销售人员接下来的应对变得很被动。

导购策略

据统计，每个人都有一张关系网，其身边的亲戚、朋友和同学等大概有250人。销售人员把一辆汽车卖给一个客户不算成功，让客户满意并不断介绍新的客户来买车才是最大的成功。因此，对于老客户以及老客户介绍来买车的新客户，销售人员要热情周到，给予特别的尊重、适当的优惠和更优质的

服务，让客户感觉很受尊重、很有面子，从而成为你最忠实的客户。

妙语范例

客户："我是你们的老客户介绍过来的，可以优惠多少？"

销售人员："非常感谢您的支持和信赖，既然是老客户介绍过来的，我们肯定会给您最实惠的价格。请问介绍您过来的先生或女士是哪一位？我们要做好登记，事后会赠送一份保养服务给他(或她)，作为他为我们介绍新客户的一份回报。"（一方面防止以老客户介绍为借口要求降价；另一方面可以进一步维系与老客户的关系）

客户："他是……究竟我可以优惠多少？"

销售人员："您别急，本来您看中的这款车是目前最畅销的车型，价格上是没有优惠的。但因为您是经老客户介绍过来的，为了向您表示我们的诚意和感谢，我会向经理申请额外赠送您一份价值2000元的超值汽车精品大礼包，这是您的朋友买车的时候没有的，您今天就定下来吗？"

客户："我是你们的老客户介绍过来的，可以优惠多少？"

销售人员："您放心，优惠肯定是有的！我们都非常欢迎老客户介绍朋友来买车的，这是对我们最大的认可和支持了。请问介绍您来的朋友是哪位？我们已经为他准备了1000分的感恩卡积分，他可以换购礼品或服务。"

客户："他是我的同事李伟，他可以获赠积分，那我应该有更大的优惠吧？"

销售人员："您应该也知道我们的价格一直非常实在，而且车子的质量一流，售后服务等方面也非常完善，这也是我们赢得像您的朋友李伟那样的很多老客户的厚爱的原因。正常情况下，第一次来买车是没有优惠的，但您是李先生介绍过来的，应该享受特别的待遇，所以如果您今天定下来的话，我会向公司申请为您打个9.8折，并赠送一套脚垫给您，您现在就定下来吗？"

肖老师小结

- 让客户感受到尊重、有面子。
- 价格上尽量少让步，设置适当的赠品。
- 事后要对介绍的老客户表示感谢，赠送一些小礼品。

实战销售情景53：
这辆车太贵了，我不需要买这么好的车

常见应对

1. 对不起，我们的车就这个价！
2. 这车不算贵了，还有更贵的呢！
3. 那您可以选择价位低一点的车呀！

诊断分析

“对不起，我们的车就这个价！”这样的回答是直接拒绝客户，容易使交流陷入僵局。

“这车不算贵了，还有更贵的呢！”这样的回答是暗示客户：这个价格的车都嫌贵就别买了，少跟我们讨价还价。

“那您可以选择价位低一点的车呀！”在没有确定客户的真实想法之前，这样的回答很可能是理解错客户的意思，无法化解客户的异议。

导购策略

客户提出“这辆车太贵了，我不需要买这么好的车”，这个异议有两种可能：一是这个异议是虚假异议，是客户要求降价的一个借口，对于这种情况，销售人员应该顺着客户的思路进行说明——这么好的车才卖这个价格已经很实惠了，然后强调车子的优点及能够带给可获得的利益，让客户强烈地意识到自己对车子的需求；二是这个异议是真实异议，就是说客户没有购买这么好的车的购买预算，针对这种情况销售人员可以推荐适合对方的汽车。

妙语范例

客户：“这辆车太贵了，我不需要买这么好的车！”

销售人员：“您真是太有眼光了，这款车不但外形时尚漂亮，安全性和操控性更是一流！经过年前的一轮降价之后，目前这个价格对于这么好的车子来说，绝对是物超所值了！您想象一下，当您开着这样一辆漂亮的车出现在朋友面前时，会引来多少艳羡的目光啊！哪有人会不喜欢好东西的，你说呢？”

客户：“车是好车，但价格还是有点贵！”

销售人员：“您也知道，好东西是不可能便宜的！如果您不想一下子拿出这笔钱来买车，那您可以选择按揭付款，分摊下来就一点都不贵了，您说呢？”

客户：“这辆车太贵了，我不需要买这么好的车！”

销售人员：“您可不能这么说，好车是人人都需要的！上个月我的一个客户为了省钱，买了一辆安全系数较低的汽车，结果出了车祸，现在还躺在医院里，您说生命重要还是两万元重要呢？”（讲一个贴近生活、有说服力的故事）

客户：“这辆车太贵了，我不需要买这么好的车！”

销售人员：“这车真是好车，就是价格不便宜，一般都用来做商务接待，如果只是上班代步的话，确实是有点浪费。那边还有两款家用车，既实用又实惠，我来为您介绍一下吧！”（针对确实支付能力不够的客户）

肖老师小结

- 辨别客户异议的真假。
- 对于想降价的客户，可采用按揭付款、小让步来处理。
- 对于确实没有购买预算的客户，可介绍其他合适的车。

实战销售情景54：
我经常逛车市，等你们折扣低些再买

常见应对

1. 我们品牌的车可从不打折啊！
2. 喜欢就买吧，还等到什么时候？
3. 其实现在也可以打折啊！

诊断分析

“我们品牌的车可从不打折啊！”这样回答是直白地拒绝客户，既难以令客户相信这是事实，又让客户有挫败感。

“喜欢就买吧，还等到什么时候？”这个回答没有解决客户的异议，难以说服客户做出购买的决定。

“其实现在也可以打折啊！”这种回答将使双方过早地陷入到价格战中，不利于化解客户的异议。

导购策略

折扣异议说到底还是价格异议，对于具备购买意向和购买力的客户而言，由于害怕汽车不断降价会损害自己的利益，所以持币待购等待时机，这是正常现象。销售人员首先要理解客户的这种行为，不要把重点放在价格方面，而是放在对方的利益点上，用等待的痛苦煎熬与早买早享受的快乐进行对比，推进客户的成交进程。

妙语范例

客户："我经常逛车市，等你们折扣低些再买？"

销售人员："您的心情我能理解，谁都希望用最少的钱买到自己喜欢的车子。但是天天看着自己喜欢的东西，却不能拥有它，这种感觉多难熬啊，不如早买早享受!"

客户："我的朋友半年前也买了这款车子，到现在已近降了五千元，你叫我怎么买？"

销售人员："您说得没错，这款车的价格年前是进行了一次大幅调整，但正因为如此，目前已经没有了降价的空间，继续降价的可能性几乎为零。而且这款车本身就是订单式供应，没预订厂家就不会生产，当然就不可能出现库存，没有库存经销商就没必要降价促销了。老实说，现在这款车的价格已经迫近底线，是购买的最佳时机，您千万不要错失良机啊！"

客户："我经常逛车市，等你们折扣低些再买。"

销售人员："我真是佩服您的耐心！其实价格的高低实际上只是相对而言的，等不到绝对的低价格。对一个家庭来说，车对工作和生活带来的改变是无法用金钱来衡量的，所谓'早买早享受'就是这个道理，您说对不？"

客户："反正这么久都等过来了，再等等吧，我认为肯定还会降的。"

销售人员："其实我对像您这样面对车市却从头到尾坐观其变的人真是佩服得五体投地！不过我劝您对车价也不要抱有太高的幻想，因为钢材、石油、人工工资等在不断地上涨，这些因素也导致了生产厂家的成本不断上涨，您说现在什么都贵了，难道就汽车能独善其身？其实现在的车价比以前的确是实在又划算了，您看展厅里络绎不绝的人在看车买车就知道啦。大哥，该出手时就出手，不要再等了，把自己的爱车开回家吧！"

肖老师小结

- 理解和认同客户的想法。
- 用等待的痛苦煎熬与早买早享受的快乐进行对比，刺激客户。
- 用大量的事实证据说服客户不要再等待，尽快成交。

实战销售情景55：

同样是这款车，B专卖店比你们便宜多了

常见应对

1. 不可能吧，同一品牌同一款式的车价格都是全国统一的！
2. 我们提供的服务比他们好很多啊！
3. 那他们比我们便宜多少？
4. 既然他们那么便宜，您为什么不去买？

诊断分析

“不可能吧，同一品牌同一款式的车价格都是全国统一的！”这样的反驳很苍白，不能让有备而来的客户信服。

“我们提供的服务比他们好很多啊！”这样的解释也难以解除客户的价格异议。

“那他们比我们便宜多少？”这样的回答会过早地陷入讨价还价中，之前应该做好过渡和铺垫。

“既然他们那么便宜，您为什么不去买？”这样的语气太生硬，而且缺乏基本的礼貌，将导致客户拂袖而去。

导购策略

搬出竞争对手来压价是客户在讨价还价中经常使用的手段，销售人员在处理时要针对具体情况采取不同的策略：如果客户只是随便说说，想探探你的底价，那你可以解释定价的合理性，不要降价；如果客户确实有真凭实据，那你至少要象征性地降降价；如果象征性地降价后客户还是坚持价格太高，就要把握好时机，以立即缔结成交为条件再退一步。

妙语范例

客户："同样是这款车，B专卖店比你们便宜多了！"

销售人员："不会吧，这个品牌一向规定不准打折扣的，因为它在质量上是从不打折的，所以也很难在价格上打折的，如果这样做，很容易影响我们品牌和我们专卖店在您心目中的地位哦!"

客户："我刚从B专卖店过来，那里的销售员说如果我真的购买可以12万元卖给我，同样的品牌，同样的型号，你们却贵了3000多元呢？"

销售人员："看来您是有备而来的啊，你知道我们为什么在价格方面比B专卖店贵3000元吗？因为在我们这里买车会赠送一年的车险、一年免费洗车服务以及一年的免费保养，这些东西价值超过6000元，而且样样都是买车后必须用到的。他们的车子是便宜3000元，但据我所知他们并不赠送任何东西，总的算来我们还是比他们更优惠，不知道那边的销售员有没有跟你讲清楚呢？"

客户："总之除了赠送的东西外，您至少还要优惠1000元我才买！"

销售人员："我知道您是诚心想买这款车子，但也不可能优惠那么多啦，您得给口饭我吃不是？要不这样，如果您今天就定下来，且带了定金的话，我就壮着胆子给领导打电话，争取给您优惠500元，您看好不好！"

客户："那好吧！"

客户："同样是这款车，B专卖店比你们便宜多了！"

销售人员："是吗？谢谢您告诉我这个情况！现在卖车的竞争确实很激烈，不过厂家对车子的销售价格都有统一规定的，他们的价格不可能跟我们相差很大的！"

客户："我昨天才去B专卖店问过，他们确实可以比你们便宜2000元！你看，我把付款的信用卡和他们的名片都带来了，反正谁家便宜我就在谁家付钱。如果你们不比他们优惠，我现在就给他们打电话定下来！"

销售人员："我真是服了您了，您肯定是个谈判专家！我猜优惠这2000元您肯定费了很大的力气，因为这已经是底价了，再低我们就得亏了。不过今天您既然来到我们店，就是对我们最大的信任和支持，做生意首先要做朋友，为了交您这个朋友，也为了您日后给我介绍客源，如果您马上定下来的话，我立即就给经理打电话请他再送您一套脚垫，够意思了吧？”

肖老师小结

降价次数不要超过三次，降价幅度宜越来越小。

降价的同时应提出立即签合同或交付定金等有利于交易完成的要求。

自此至终都要让客户觉得你是很有诚意的。

实战销售情景56：

赠品没什么用，直接换成现金抵给我吧

常见应对

1. 真抱歉，公司规定不准这样做的！
2. 不可能啦，这些东西是赠送的，您可以选择不要，但不可能抵现金。
3. 对不起，我没有这个权限！

诊断分析

“真抱歉，公司规定不准这样做的！”这种说法是把责任推卸给公司，容易引起客户对公司的不满。

“不可能啦，这些东西是赠送的，您可以选择不要，但不可能抵现金。”这样的回答简单直接地拒绝客户，没有具体的解释，让客户产生挫败感。

“对不起，我没有这个权限！”这样的回答相当于暗示客户：这样也可行，但要请示级别更高的领导，容易将问题扩大化。

导购策略

对于客户提出的不合理要求或无法承诺的事情，如果直截了当地拒绝、表达愤怒或抱怨往往无济于事，不但会令客户不满和反感，还会给自己带来不必要的麻烦。

因此，在应对时销售人员应先向客户诚恳地表示尊重和理解，然后解释积分及赠品与汽车定价的关系，并强调赠品的价值。总之，要耐心坦诚地做好解释和说服工作，这样既不伤害客户的自尊心和感情，又能得到其谅解和同情。

妙语范例

客户：“赠品没什么用，直接换成现金抵给我吧？”

销售人员：“您的心情我能理解，如果能够将赠品折换成现金当然更实惠。只是我们的赠品都是客户买车后额外赠送的，确实没办法换成现金，这点还请您多多谅解。其实我们的赠品是公司专门为新车主精心挑选的，绝对实用而且价值都挺高的。您看这些赠品在我们展厅都有销售，而且都是明码标价的正品!”

客户：“如果这些赠品有质量问题怎么办？”

销售人员：“您放心，我们大多数赠品都是展厅内明码标价的正品，如果出现质量问题，我们是负责调换或者维修的。如果您没有其他疑问，我们就把合同签了吧？”

客户：“赠品没什么用，直接换成现金抵给我吧？”

销售人员：“真不好意思，我们的赠品都是在商品正常销售的基础上额外赠送给客户的，它与车子的价格没有关系，实在不能换成现金抵扣，这一点请您多多包涵！其实最重要的还是这辆车很适合您，可以满足您客货两用的需要。而且我这些赠品都是很实用而且价值比较高的，例如座椅垫、倒车雷达等都是在展厅明码标价的正品，每一位新车主都可以马上用得上的。”

肖老师小结

- 拒绝客户的态度不能含糊，但语气要委婉。
- 在给客户面子的同时引导客户朝着成交的方向前进。
- 恰当地进行解释说明，让对方高高兴兴地接受。

实战销售情景57：
国际名车都打折，你们凭什么不打折？

常见应对

1. 对不起，这是我们公司的规定！
2. 每个公司有自己的策略，我们就是不打折！
3. 我们的车子质量好，所以不打折！
4. ……（沉默）

诊断分析

“对不起，这是我们公司的规定！”和“每个公司有自己的策略，我们就是不打折！”这两种回答都是将责任推卸给公司，不但没有积极解除客户的异议，还让客户对公司留下不好的印象。

“我们的车子质量好，所以不打折！”这样的回答没有说服力，容易引起客户的反驳：那人家国际名牌汽车的质量就不好？

“……（沉默）”这样的反应相当于默认客户的说法是正确的，给客户这样的暗示：没有折扣确实是不对的。

导购策略

面对客户的质疑或挑衅时，销售人员千万不能急躁，而是先要冷静下来，以同理心去理解客户的心情，安抚客户的情绪，然后详细解释不打折销售可以带给客户什么好处，用事实证明我们的策略的正确性，让客户心服口服。

妙语范例

客户：“国际名车都打折，你们凭什么不打折？”

销售人员：“我明白您的意思，目前汽车市场上竞争确实比较激烈，很多品牌为了争夺市场份额，往往以打折为竞争策略吸引消费者。它们往往定价过高或者库存量太大，所以降价也比较频繁。您想一下，如果您买了我们的汽车之后没几天就发现价格掉下去一大截，你心里会好受吗？”

客户：“当然不好受，不过买车的时候肯定希望打折啊！”

销售人员：“众所周知，我们品牌的车子一直以来都坚持以质取胜，而且定价公道合理，所以多年来受到广大消费者的追捧。我们坚持不轻易打折是希望能以实实在在的定价对每一个客户负责，这样才不会出现汽车刚买没几天，价格就贬值好几千的事情，保证每个客户在任何时候都可以放心选购我们的汽车。”

客户：“国际名车都打折，你们凭什么不打折？”

销售人员：“您这个问题问得太好了！其实您也知道，这几年什么东西都在涨价，市场上有些厂家却在打折销售汽车，您不觉得奇怪吗？现在有些厂家为了达到降价的目的，不是减配置就是在原材料上打主意，您想这样做车子的质量能有保证吗？”（停顿，等待客户的认同，然后继续解释）“我们坚持不以打折的方式销售，其实是希望以实实在在的定价对每个客户负责，让客户不需要老是担心我们的价格。目前我们的车子保值率是很高的，不会像那些经常打折的车子那样，过了两三年换车时才发现得到的几乎是卖废铁的价格。而买我们的车虽然价格上不打折，但不用老是担心贬值，换车时会更加划算。您说呢？”

肖老师小结

- 理解客户的心情，安抚客户的情绪。
- 解释不打折销售可以带给客户的好处。
- 把客户的疑问变成客户购买的理由。

实战销售情景58：

这款车现在是九折，以后折扣会更低吗

常见应对

1. 目前还不知道，公司没有通知！
2. 很难说，一般是不会的。
3. 应该不会再低了！
4. 就算低也低不了多少。

诊断分析

“目前还不知道，公司没有通知！”这样的回答说了等于没说，客户得不到一点积极的信息，难以消除客户对价格的疑虑。

“很难说，一般是不会的。”、“应该不会再低了！”和“就算低也低不了多少。”这几种回答的语气都不够肯定，给客户模棱两可的模糊感觉，难以促进客户下定决心购买。

导购策略

客户买车前对价格都存有一定的期望，希望汽车不断降价且降价的幅度越大越好。而商家降价的幅度越大，顾客对降价比例的期望值就越高，持币待购的心理就越重，继续等待的可能性就越大。总之，客户总是希望能够在价格的最低点买车，所以对价格充满疑虑。

了解了客户的购买心理之后，销售人员需要做的就是用肯定、明确的语言告知客户会保障他们的利益，以此打消客户对价格的疑虑，促进客户的购买。

妙语范例

客户："这款车现在是九折，以后折扣会更低吗？"

销售人员："您放心，我们品牌的车子一直很重视质量，价格也一直很坚挺，在折扣的把握上原则性也很强，绝对不会随便在折扣上做文章的。目前这款车打九折也只是我们公司短期的促销行为，当库存消化之后马上就会恢复原价，所以过一段时间之后，折扣不但不会更低，买车还要付全价呢，您快抓紧时机购买吧？"

客户："这款车现在是九折，以后折扣会更低吗？"

销售人员："您放心，我们在这方面控制得很严格，不会在价格上随便打折扣，这也是对客户负责任的表现，因为如果客户把车子开回家没几天，价格就一天比一天低，那客户肯定会有上当受骗的感觉，以后哪还有人会相信我们？我们绝对不会拿自己的信誉开玩笑的，您就放心选购吧！"

肖老师小结

- 理解客户对汽车价格的顾虑。
- 用明确、肯定的语言给予客户信心。
- 用价格保障打消客户对价格的疑虑。

实战销售情景59：

你们跟A品牌配置差不多，为什么价格高那么多

常见应对

1. 不会吧，我们的价格差不多啊！
2. 不是相差很多，就几百块罢了。
3. 一分钱一分货，我们的质量比他们好啊！
4. 你觉得他们便宜就去买好了。

诊断分析

“不会吧，我们的价格差不多啊！”对于喜欢“货比三家”的客户，这样的说辞掩盖不了事实的真相。

“不是相差很多，就几百块罢了。”这样的回答实质上是默认了客户的说法，但并没有做出合理的解释说明。

“一分钱一分货，我们的质量比他们好啊！”这样的解释过于苍白，没有实际的内容，缺乏说服力。

“你觉得他们便宜就去买好了。”这是明显的“赶客户”语言，客户正好转头就走。所以就算你内心不认同对方的看法也不能这么说。

导购策略

在销售的过程中，客户往往喜欢在几个竞争品牌中对比选择，其中对价格的对比尤其敏感。实际上客户并非十分在乎这个对比的差价，关键是这个差价是否有价值，让客户感觉“贵得有道理”而愿意为之付出。

在回答客户的这个问题时，销售人员首先要非常自信的告诉对方我们的

车子就是比竞争品牌的贵，然后再详细解释贵的理由，列举5个以上的细节，并把独特的优势有效地展示出来，让客户感觉到你的车子确实是独一无二的、与众不同的，就应该值那么多价钱的。

妙语范例

客户："你们跟A品牌配置差不多，为什么价格高那么多？"

销售人员："您这个问题真是问得好！没错，我们的车子确实比A品牌贵！"（对产品充满信心、底气十足，客户往往会很好奇，停顿几秒再继续解释）

"我们贵当然有贵的理由啊！实际上我们跟A品牌的配置是有差别的，比如他们车子装的是普通车窗，而我们装的是电动车窗，按下按钮就可以控制车窗玻璃的升降，十分方便和安全。还有我们的车子还加装了电动加热后视镜，冬季后视镜结霜或冻冰后，只要打开后风窗除霜开关，电动后视镜也会开始加热，后视镜上的霜或冰很快就会消失，非常方便实用。另外，我们的车子还特别配置了倒车雷达，倒车时无须回头便可知车后有无障碍物，使停车和倒车更容易，更安全。这些配置都是实在有用的东西，价格上虽然高了一些，但我们买车不就图个方便、安全吗？您说呢？"

客户："你们与A品牌同档次的车相比，为什么贵那么多？"

销售人员："您说得对，我们是比他们贵，而且还贵两万元！"（停顿一下）

"虽然贵两万元，但80%以上的客户详细比较后还是选择我们，为什么呢？就是因为我们的车子贵得有道理，贵得有价值！您看我们车子的车身，一体成型的侧围外板，让前、后门框和A、B、C柱成为完整一体，长达41165mm的激光焊缝，在国内的中级车中是绝无仅有的。还装备了ESP系统和TCS系统，大大提高了行驶的稳定性。在舒适配置上还安装双分区自动空调、定速巡航系统，长途驾车更轻松愉快。只要多付出两万元，您就可以每天都享受这样舒适和安全的感觉了，您还犹豫什么呢？"

肖老师小结

- 大方承认是比竞争对手价格要高。
- 自信解释价格高的理由，列举细节。
- 最后做好“物有所值”的总结。

实战销售情景60：
如果这车三个月内降价，你们保证用现金给我补差价吗

常见应对

1. 这我们不能保证！
2. 打不打折是公司的事，我们也说不准！
3. 我们只是执行公司的决策，真要打折我们也没办法啊！
4. 您要这样说，谁还敢把车卖给您！

诊断分析

“这我们不能保证！”这样的回答不能给客户信心，难以让客户下定决心购买。

“打不打折是公司的事，我们也说不准！”和“我们只是执行公司的决策，真要打折我们也没办法啊！”这两种回答把不能保证不打折的责任推给公司，容易降低客户的购买欲望。

“您要这样说，谁还敢把车卖给您！”这样的回答表明了车子打折的可能性很大，客户往往会选择继续等待价格的下降。

导购策略

随着汽车市场的竞争日趋激烈，困扰客户下定决心买车的最大障碍，就是担忧汽车是否还会降价。销售人员在处理这个问题时，一定要明确地给客户信心，并且可以从两个方面为客户提供保证：一是持续一段时间的价格稳定的证据；二是承诺三个月之内降价，将给予一定的差价补偿（要事先取得经销商的同意）。

妙语范例

客户：“如果这车三个月内降价，你们保证用现金给我补差价吗？”

销售人员：“您的担忧我能理解，如果车子刚买不久就贬值了一截，谁的心里都不会舒服。不过您也知道，我们品牌的车子价格一直以来都比较坚挺，在过去的一年时间里，我们这款车子的价格只是微降了5%，比起那些一年降两三次价的车子来说简直是微乎其微。而且公司如果要降价都会提前三个月通知，目前我们没有接到通知就说明近期肯定不会降价，您就放心买吧！”

客户：“如果这车三个月内降价，你们保证用现金给我补差价吗？”

销售人员：“您放心，经过去年的价格调整，目前这款车子的价格已经处于最低了，我听说随着原材料不断涨价，这款车的价格未来还有可能提高呢！所以，您是该出手时就出手，别错过了这个好时机啊！”

客户：“如果这车三个月内降价，你们保证用现金给我补差价吗？”

销售人员：“您放心，为了保障你的利益，让您买得更放心，我们公司专门制订了‘差价补偿’保障计划，如果您买了这辆车子三个月内降价，就可以获得实际购车价与降价后车价之间的差额返还。这样您就没有后顾之忧啦，现在就签合同吧！”

肖老师小结

- 理解客户的顾虑和担忧。
- 给客户提供明确的保证。
- 主动引导客户缔结成交。

实战销售情景61：谁说价格优惠后不能送赠品，我两样都要

常见应对

1. 这是公司的规定，打折与赠品只能选择一种！
2. 对不起，我不能违反公司的规定。
3. 您选择打折会更划算，其实赠品不值什么钱！
4. 您两样都要，我们岂不是要亏死？

诊断分析

“这是公司的规定，优惠与赠品只能选择一种！”和“对不起，我不能违反公司的规定。”这两个回答把责任推给公司，语气生硬、缺乏人情味。

“您选择打折会更划算，其实赠品不值什么钱！”这样的回答既贬低了赠品的价值，又不能解决客户的异议。

“您两样都要，我们岂不是要亏死？”这个回答暗示客户贪得无厌，容易引起客户的不满与反感。

导购策略

客户总是希望能够获得更多的预期利益和更优惠的交易条件，对于客户提出的种种要求，销售人员千万不能掉以轻心，而是要通过耐心细致的解释、说服和释疑，逐步引导客户跨过购买的“鸿沟”。

在化解客户提出的这个异议时，销售人员首先要理解客户的做法，然后要掌握主动权把客户的注意力转移到赠品的价值还是折扣的优惠上，要求客

户在限定的范围内做出选择，在推进销售的进程中，努力与客户建立良好的合作关系。

妙语范例

客户：“谁说价格优惠后不能送赠品，我两样都要！”

销售人员：“我理解您的想法，只是真的很抱歉，出于对成本的考虑，我们只能让您选择价格优惠或者选择赠品，这一点希望您能理解和包涵！其实我们的赠品确实是公司专门为新车主精心挑选的，价值高而且很实用，如果在外面购买的话至少要花8000元，也就是说赠品的价值更高一些。如果我是您的话就选择赠品了，您觉得呢？”

客户：“谁说价格优惠后不能送赠品，我两样都要！”

销售人员：“真对不起，您这真让我为难了！如果两样都送的话，公司真的要亏本，所以确实只能让您选择价格优惠和赠品的其中一项，希望您多包涵！其实我们的很多客户都会选择价格优惠，因为它是实实在在的折扣，可以直接抵现金。而赠品就不见得人人都适合使用，您觉得呢？”

肖老师小结

- 理解客户的心情，安抚他的情绪。
- 请客户理解你的难处。
- 为客户提供选择的方向。

实战销售情景62：

我是诚心想买，都来过几次了，再优惠些就买了

常见应对

1. 价格是公司规定的，我也没有办法！
2. 我实在无能为力，就是少一分钱公司都会从我工资扣回去的。
3. 如果可以便宜点，我早就卖给您了。
4. 您想便宜多少？

诊断分析

“价格是公司规定的，我也没有办法！”和“我实在无能为力，就是少一分钱公司都会从我工资扣回去的。”这两种回答将公司当做挡箭牌，把不能降价的责任推卸给公司，让客户留下公司不近人情的印象。

“如果可以便宜点，我早就卖给您了。”这种回答是直接拒绝客户的降价要求，没有任何回旋的余地。

“您想便宜多少？”这种回答非常不智，很容易陷入与客户讨价还价的怪圈。

导购策略

客户三番四次光顾车行，说明其购买意向比较强烈，只要接待时处理得当，促成的机会会很大。销售人员在接待这类客户时，最重要的是给客户足够的面子，一般情况下应强化客户利益而不让步。对于强烈要求优惠的客户，可以在自己的权限内对价格进行少量让步，或者把赠送赠品作为让步的筹码。

妙语范例

客户："我是诚心想买，都来过几次了，再优惠些就买了！"

销售人员："首先我非常感谢您对我们品牌的信任，我也知道您是很有诚意要买的，很抱歉让您走了几回！其实我也很想做成您这笔生意，只是我给您的已经是最低价了，这一点请您理解！其实买车最重要的一点就是得适合自己，您上次告诉我您是刚拿到驾照来看车的，这辆车排量小、体形适中、油耗低、最重要的是整车性能比较好，配件价格便宜，最适合像您这样刚上路的新手了！对于这样一辆合适您的车来说，其实这个价格已经很实惠了，你说呢？"

客户："我是诚心想买，都来过几次了，怎么样您都要给我优惠一些啦！"

销售人员："真不好意思让您跑了几趟，我也知道您很喜欢这款车子，这款车子也非常适合您，只是在价格方面我确实没有办法帮您，这一点还请您多多包涵！其实我也很想做您这笔生意，您觉得如果除了降价之外，我们还能做些什么补偿？"

客户："我是诚心想买，都来过几次了，您就不能给点优惠？"

销售人员："真对不起要您跑了几次，您的心情我能理解，我也很想把这款车子卖给您，但是您也知道这款车子目前正在做促销活动，价格已经比原来降了五千了，如果还要降价就真是让我为难了！不过我也确实想交您这个朋友，要不这样，我向经理申请赠送一套脚垫、一套座垫和靠枕，您觉得够意思了吧？"

肖老师小结

- 感谢客户的信任，对客户跑了几次表示歉意。
- 在尊重客户的情况下，说明不能降价的原因。
- 进行让步时最多只采用一种方式满足客户。

实战销售情景63：

我不想再谈了，你就说还可以便宜多少吧

常见应对

1. 不好意思，已经是最低价了！
2. 对不起，我们这里不议价。
3. 不能便宜了，这是公司规定的全国统一价。
4. 价格不能降，送您一些赠品吧！

诊断分析

“不好意思，已经是最低价了！”、“对不起，我们这里不议价。”和“不能便宜了，这是公司规定的全国统一价。”这三种回答方式都过于直白，直接拒绝了客户的降价请求，相当于给客户下了逐客令。

“价格不能降，送您一些赠品吧！”这个回答的时机不对，过早地暴露了自己的底牌，让自己陷入被动的价格谈判中。

导购策略

价格是影响消费者购买行为最重要的因素，很多客户都喜欢通过讨价还价来获得实惠，但没完没了的讨价还价会令双方身心疲惫。在讨价还价的过程中，销售人员要做的第一步就是控制客户对价格的期望值，缩小客户的期望和我们的期望的差距，为价格谈判奠定良好的基础。然后再在谈判中做出适当的让步。

妙语范例

客户：“我不想再谈了，你就说还可以便宜多少吧？”

销售人员：“我们谈了那么久，我也知道您是很有诚意想买这款车的，事实上很多客户在下定金之前都要求一些价格上的让步，您今天能决定下来吗？还要跟家人商量吗？”

客户：“别废话，合适的话我现在就能定下来!”

销售人员：“好的，如果您带了定金的话，我现在就去向经理申请，通常情况下，经理会根据这个月的销售情况来决定让多少，如果销售量已经达标那就只能送一套椅垫，如果还没达标则最多可争取一份价值3000元的一年全保，您看您今天能定下来吗？”（关闭直接让价的空间，锁定客户的期望值）

客户：“那你们这个月销售了多少？”

客户：“我不想再谈了，你就说还可以便宜多少吧？”

销售人员：“说实在的，这个价格已经很实惠了！如果硬是要往下降点，那就要看您的付款方式了，如果您能今天就定下来且是一次性付款，那么最多可以跟经理申请一份价值3000元的一年全保；如果是按揭付款，那经理最多只能批准赠送一份价值1000元的内饰礼品。您今天能定下来吗？是一次性付款还是办理按揭？”

肖老师小结

首先设置谈判的条件，如“今天就定下来”、“马上交定金”等。

控制客户的期望值，如把直接降价变为赠品等。

让步要分阶段进行，每次让客户得到的利益不能太大。

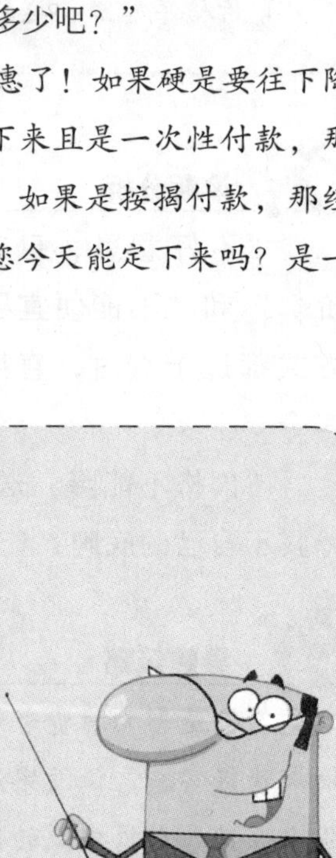

实战销售情景64：
别说那么多啦，再少3000元我就要了

常见应对

1. 对不起，那是不可能的事情！
2. 不好意思，我们这里不讲价！
3. 很抱歉，这已经是最低价了！
4. 这怎么可能，不可能少那么多啦！

诊断分析

“对不起，那是不可能的事情！”、“不好意思，我们这里不讲价！”和“很抱歉，这已经是最低价了！”这三种说法都是告诉客户议价是不可能的事情，客户如果对价格有异议那就请离开。

“这怎么可能，不可能少那么多啦！”这个回答是暗示客户降价是可以的，但不能降幅太大，让客户感觉价格存在较大的水分。

导购策略

当客户很有购买诚意，但要求必须进行价格让步时，销售人员一定要掌握好让步的技巧，如果让步太快、太多就会提高客户的期望值。在进行让步时一定要有耐性，不要太早摊牌，而且要表明，价格让步是有条件的，例如价格不降，提供其他小支持；价格降低一些，但是服务条款要少一点等。

为价格让步设置一些障碍，是为了让客户感觉到我们让步很难，比如需要请示领导就是一种障碍，而且这也是销售人员让步下台阶的最好方式。

妙语范例

客户：“别说那么多啦，再少3000元我就要了！”

销售人员：“我猜您只是说说的，就是我给您少3000元，您也不会立刻就买！”

客户：“不会，我今天是带了信用卡过来的，只要您同意少3000元，我马上就交款。”

销售人员：“可是我没有那么大的权力，如果您真的想买，那您就先交点订金，然后我再去请示经理，他如果不同意，我就把订金退还给您，您看行吗？”

客户：“不用那么麻烦啦，您先去问，如果他同意了我就签合同交钱了。”

销售人员：“我就说少3000元您也不会买，再说了，如果没收到订金，我去找经理好不容易批下来，您又变卦了，我怎么交待。您还是再考虑考虑吧！”

客户：“好吧，我先交500元定金，您去问吧。”（销售人员在收到定金后，离开片刻再回来）

销售人员：“恭喜您，经理批准了，请到这边签合同吧！”

客户：“别说那么多啦，再少3000元我就要了！”

销售人员：“我很理解您的心情，也知道您很有诚意想买这款车子，其实我也很想做成这笔买卖，但是我没有这个权限啊！”

客户：“那你去问经理吧！”

销售人员：“如果您自己能决定下来今天就买，而且带足了定金的话，我才敢去找经理呀！”

客户：“当然啦，只要他答应少3000元，我马上就签合同、交定金！”

销售人员：“那好吧，我现在就做一份合同，价格就是降低了3000元的，您先签字，我再找经理签字，如果他同意了，那事情就办成了，您说呢？”

肖老师小结

- 在对话中首先控制自己的主动权，当主动权在手时，就有控制和影响能力。
- 要控制价格让步的幅度，坚持小步慢走。
- 尽量让一些不值钱的步，并把这些让步都包装起来。

六、缔结成交技巧

乔·吉拉德说："争取成交就像求婚，不能太直接，但你必须主动。"销售人员要擅于识别客户的成交信号，抓住客户的心动时刻，灵活运用促成的技巧与方法，踢好销售成交的"临门一脚"。

实战销售情景65：
我觉得还是隔壁店的车好一些

常见应对

1. 他们怎么能跟我们比呢？
2. 我们的车比他们高一个档次。
3. 我们的质量比他们好多了！
4. 您要这么讲，我也没有办法啊！

诊断分析

“他们怎么能跟我们比呢？”、“我们的车比他们高一个档次。”和“我们的质量比他们好多了！”这三种回答都明显贬低了竞争对手，容易引起客户的反感。

“您要这么讲，我也没有办法啊！”这个回答语气上显得很无奈，事实上是对客户提出的问题不作为。

导购策略

当客户谈到竞争对手时，销售人员千万不要对其进行贬损，而是尽量客观评价。因为肯定你的对手，无形中会抬高你的档次和水平，客户会觉得你做人比较地道，容易获得客户的信赖。

更重要的是，销售人员要对产品知识了如指掌，熟知自己与竞争品牌之间的优缺点，找出自己产品同竞争品牌的差异，并将自己产品优于竞争品牌的功能总结成“差异性卖点”向顾客重点说明和讲解，从而促使客户最终选择你的产品。

妙语范例

客户：“我觉得还是隔壁店的车好一些！”

销售人员：“看来您对附近的汽车市场情况真是了如指掌，隔壁店确实很不错，您觉得他们的车具体好在哪里呢？”

客户：“他们的外观和内饰都比较好看，而且最重要是他们的油耗低，长期下来可以省下不少油费啊！”

销售人员：“您关注的油耗问题的确是判断车子好坏的重要指标之一，油耗低的车子确实可以为车主省下一些油费。但是您要注意，他们的车子有一个致命的弱点，就是车身轻、钢板薄以及安全性差！我们很多客户开始时也跟您一样被他们车子的外观和低油耗所吸引，但最后还是选择了我们的车，因为我们的车身重、钢板厚和安全性好。我相信您肯定会选择我们的车，因为生命安全比油耗重要得多，您说呢？”

客户：“我觉得还是隔壁店的车好一些！”

销售人员：“我们两家的车子是各有千秋啊，您觉得他们哪些地方让您动心呢？”

客户：“这款车你们两家的配置和价格都差不多，但他们家的还安装了GPS导航仪！”

销售人员：“您关注的真是非常仔细，我想请你思考一个问题，GPS的主要功能是什么？车辆自主导航！而据我所知，您买这辆车主要是为了上下班代步，从家里到单位，难道您还需要导航吗？”

客户：“用处虽然不是很大，但有肯定比没有的好啊！”

销售人员：“您说得对，其实我们以前也跟他们一样也装了GPS，但因为很多客户都反应GPS不实用，我们后来才不装GPS导航仪而改送一年全保的，您是要买一辆装有没有什么用处的GPS的车子之后再用现金去买车险呢？还是买一辆送车险又能满足您日常驾驶需要的汽车呢？我猜您肯定会选择后者，对吗？”

肖老师小结

- 不要贬低竞争对手，而是对其进行客观评价。
- 追问客户对竞争对手最看重的地方。
- 熟知产品知识，找出自己产品同竞争品牌的差异，将自己产品优于竞争品牌的功能总结成“差异性卖点”。
- 向顾客重点说明和讲解“差异性卖点”，促使客户购买你的产品。

实战销售情景66：
你们品牌做那么多广告，是不是把费用都摊在我们身上

常见应对

1. 应该不会吧，我也不清楚。
2. 就算分摊了，比例也是很少的！
3. 买名牌肯定会贵些啦。

诊断分析

“应该不会吧，我也不清楚。”这样的回答模糊不清，让客户感觉销售人员非常不专业。

“就算分摊了，比例也是很少的！”和“买名牌肯定会贵些啦。”这两种回答都是承认或默认把广告费分摊给客户负担，客户会重新衡量是否应该选择你的车子。

导购策略

客户既希望购买做广告多的名牌汽车，但又担心广告费会分摊到自己的头上。销售人员在处理这个异议时，可以从规模化会使广告费的分摊比例降低、在行业内的知名度与影响力可获得免费或费用较低的媒体宣传，以及通过专业广告公司代理降低广告成本等方面去解释，从而弱化或消除客户对广告费分摊的担忧。

妙语范例

客户：“你们品牌做那么多广告，是不是把费用都摊在我们身上？”

销售人员：“这方面请您放心，虽然我们的广告很多，但由于我

们公司走的是‘品牌化、规模化’的经营道路，广告费摊销下来所占的比例却很低。另外，鉴于我们品牌在行业内的知名度和影响力，许多媒体对我们的宣传报道都是免费或极其优惠的，因此，您不必担心承担了我们的广告费用！”

客户：“你们品牌做那么多广告，是不是把费用都摊在我们身上？”

销售人员：“您放心，我们的广告都是委托专业的广告公司代理，成本绝对是最低的，而且因为我们公司的规模比较大，所以广告费用摊销下来所占的比例也很低。另外，因为我们品牌具有较高的知名度和较大的影响力，很多媒体对我们的宣传都是免费的。所以您不用过多地担心广告费用，选择我们您绝对是明智的！”

肖老师小结

- 解释广告成本并不高。
- 解释规模化会使广告费的分摊比例降低。
- 请客户不要为此担心。

实战销售情景67：汽车是消耗品，而且油费、路桥费又那么高，买车真不划算

常见应对

1. 不要这么说，买车还是有很多好处的。
2. 如果真的不划算，为什么买车的人会越来越多呢？
3. 您要这样想，我也没有办法！
4. 您这么有钱，还要计较这些小开支吗？

诊断分析

"不要这么说，买车还是有很多好处的。"这样的回答显得比较机械，不具有说服力。

"如果真的不划算，为什么买车的人会越来越多呢？"这样直接对客户的话进行反驳，让客户觉得销售人员没有礼貌。

"您要这样想，我也没有办法！"这样的回答很消极，好像在责怪客户不应该这样想。

"您这么有钱，还要计较这些小开支吗？"这样的回答暗示客户太小气，会让客户感觉很不舒服。

导购策略

如果客户不想买车，他就不会来看车和选车，客户之所以提出买车不划算这个异议，是因为买车需要付出一笔比较大的资金，他心里不舍所以心理有些不平衡，借异议来发泄心中的不满。销售人员在处理这个异议时，只需

要理解对方的心情，然后尽量多地列举买车的利益和好处，就能成功化解客户的异议了。

妙语范例

客户：“汽车是消耗品，而且油费、路桥费又那么高，买车真不划算！”

销售人员：“人们都想着早点买车，您为什么还觉得买车不划算呢？”

客户：“不是吗？买车从交钱的那一刻起就开始贬值，另外还要每个月付加油费、停车费、洗车费、保养费和美容费等，几年后还要增加大量的修理费，您说是不是很不划算？”

销售人员：“您说得对，如果单纯从经济上算的话，买车永远是不划算的。但问题是有车和没车的生活质量是不一样的啊！有了车去哪里都很方便，而且车会改变人们的生活方式，增加生活乐趣！有了车您可以经常去郊外游玩，晚上空闲的时候也可以开车出去兜兜风，或是利用空闲时间去品尝周边的美食。这些便利与乐趣您马上就可以拥有，现在就签合同吧，早买早享受啊！”

客户：“汽车是消耗品，而且油费、路桥费又那么高，买车真不划算！”

销售人员：“是啊，如果单纯从经济上算的话，买车真的不划算！但是有车和没车的生活质量是不一样的啊！汽车不单是一种代步的交通工具，还是身份和地位的象征。像您这样的成功人士，如果不买车的话，不但会影响您的出行，还会降低了您的生活质量，这不是更加不划算吗？别犹豫了，今天就把您看中的爱车开回家吧！”

肖老师小结

这种异议只是买单前的抱怨，客户需要的是理解。

尽量多地列举买车的利益和好处。

主动向客户请求成交。

实战销售情景68：
打车方便快捷又安全，干嘛要自己买车

常见应对

1. 可不能这么说，开自己的车比打车强多了！
2. 打车怎么能跟私家车比呢？
3. 照您这么说，大家都不用买汽车了！

诊断分析

“可不能这么说，开自己的车比打车强多了！”和“打车怎么能跟私家车比呢？”这两种回答都是简单地将打车与买车进行对比，说服力不够，难以解除客户心里的异议。

“照您这么说，大家都不用买汽车了！”这样的抢白好像暗示客户是在无理取闹，容易让客户反感和愤怒。

导购策略

作为一个精明的消费者，每一位客户都会详细衡量打车和买车之间的利弊。而买车是大势所趋，客户对买车都怀有梦想，销售人员只要不断向客户强调买车的好处，以及提供打车不利的证据，客户的异议就会土崩瓦解，自然而然地向成交的方向前进。

妙语范例

客户：“打车方便快捷又安全，干嘛要自己买车？”

销售人员：“您说得对，打车的费用与买车养车所付出的开支相比，打车的确比买车经济。但是，就好像人们明知道酒吧里的酒水会比超市的价格贵上几倍甚至十几倍，还是要跑到酒吧去消费一样，买车与打车所能享受到的东西不一样，有了车不但可以提升您的生活品质，彰显您的身份与地位，还会使人际关系更融洽，这些都是打车不能达到的，您说呢？今天就定下来吧？”

客户：“打车方便快捷又安全，干嘛要自己买车？”

销售人员：“你说得没错，打车确实有不少好处，但是，打车也不是随时随地就可以打到的，例如下雨、下雪或者在偏僻的地方，往往真正需要时却打不到车。我有一个客户原来也是坚决不买车的，他的妻子一个月前临产，由于居住的小区比较偏僻又是凌晨时分，等了近一个小时也打不到车，最后还是请附近的一个朋友开车将她送到了医院，才渡过了难关。这个客户等妻子一出院就马上到我们这里买走了一辆车，他说在危急时还是自己有车方便。您也别犹豫了，早买车早享受，今天就定下来吧！”

肖老师小结

- 用简短的语言认同客户的观点。
- 将买车的好处与打车的缺点对比。
- 引导客户认同买车的观点并提出成交的请求。

实战销售情景69：我的预算不够，迟些日子再说吧

常见应对

1. 不会吧，一看您就是大款啦！
2. 您是不是嫌价格高了呢？
3. 那我为您介绍一款价位低一些的车，好吗？

诊断分析

“不会吧，一看您就是大款啦！”这种开玩笑式的回答不是每个客户都能接受的，如果碰到经济上确实有困难的客户，他会认为你在讽刺他。

“您是不是嫌价格高了呢？”这样的回答是主动向客户抛出调价的绣球，很容易陷入被动的降价中。

“那我为您介绍一款价位低一些的车，好吗？”这样的回答有轻视客户的味道，会让客户感觉不舒服。

导购策略

客户提出预算不够这个异议，说明客户对购买看中的车子是很有兴趣的，销售人员应通过观察、询问等方式设法弄清楚这个异议的真实性。如果客户的异议是真实的，确实预算不够，那么就可以建议客户采用按揭贷款购车来解决这个异议；如果这个异议是假的，客户只是把预算不够作为拖延的借口，那么销售人员可以佯装不知，不去理会。

妙语范例

客户：“我的预算不够，迟些日子再说吧！”

销售人员：“是吗？真的是预算不够还是有其他疑问呢？”

客户：“确实是预算不够，有些款项还没有收回来。”

销售人员：“您真是太谦虚了，如果您的资金还有其他用途，那么您可以采用按揭付款的方式来支付购车款，这样您就既可以开上自己的爱车，又不会占用大量的资金。不要再等待了，我现在就带您去咨询相关手续吧！”

客户：“我的预算不够，迟些日子再说吧！”（无论客户提出什么异议，都不要去争辩对错，只要说下面这句话）

销售人员：“但这不妨碍您今天买车是吗?”

客户：“嗯，我想不会，我们可以想办法解决。”

销售人员：“对，您可以选择按揭贷款购车！”

客户：“但购车贷款的手续很繁琐。”

销售人员：“但那也不妨碍您今天买车，不是吗？”

客户：“我想不会，如果你们营业厅提供相关的专业服务的话。”

肖老师小结

辨别客户异议的真实性。

若客户的异议是真实的，可建议客户按揭贷款购车。

若客户的异议是虚假的，可佯装不知，不去理会。

无论客户提出什么异议，都不要去争辩对错，多次使用“但这不妨碍您今天买车是吗”，可起到意想不到的效果。

实战销售情景70：

年底优惠多，我还是想等到年底再买

常见应对

1. 别等了，到了年底价格也是一样的。
2. 现在什么都涨价，年底可能更贵呢！
3. 是吗？您要那样，我也没办法！

诊断分析

“别等了，到了年底价格也是一样的。”、“现在什么都涨价，年底可能更贵呢！”和“是吗？您要那样，我也没办法！”这样的回答表面看来好像很无奈，其实很强势，会让顾客觉得很没面子。

导购策略

客户认为目前不是最佳的购买时间，提出“年底优惠多，我还是想等到年底再买”，产生这个异议的真正原因不是现在不适合买车，而是客户认为年底厂家提供的优惠会更多，自己可以得到的利益会更大，所以在年底买车才最合算。

客户虽然提出这样的异议，但并不意味着客户拒绝购买，它表明客户已经接受购买这款车的建议，只是因为想获得更多的优惠而拖延到年底罢了。针对这种情况，销售人员可以采用存货不多、物价上涨可能导致价格上升以及早买早享受等理由，促使客户尽快做出购买决定。

妙语范例

客户：“年底优惠多，我还是想等到年底再买！”

销售人员：“不是吧，您还要等到年底？您不知道这款车有多么抢手，这个名额还是我费了很大劲才给您争取到的，因为这款车的发动机生产商已经开始提价了，所以这款车很快也将因此而提价。知道这个内部消息的人都在排队买这款车，如果您今天不要，我就把名额让给另外一个客户啦！”（制造紧迫感，促使客户抓紧时机立即成交）

销售人员：“不要犹豫了，现在就办手续吧！”

客户：“年底优惠多，我还是想等到年底再买！”

销售人员：“先生，您看中的这款车是我们目前主推的黄金车型，正在以超低价促销，比任何时候的优惠力度都大！注意数量限定为10辆，目前只剩下2辆了，售完即止！我看您就别再犹豫了，那边还有几个客户在谈呢，马上签合同才能保证有一辆是你的！”（利用特定稀有的机会来刺激客户）

客户：“年底优惠多，我还是想等到年底再买！”

销售人员：“我明白您的意思，按照往年的惯例，年底汽车销售优惠的力度确实会大一些。但今年的情况却有所不同，大家都看到了钢材、石油等造车原材料价格不断上涨，人力成本和物流成本也在大幅增加，据公司上层透露，今年下半年开始汽车的价格会调高10%左右。您若拖延到年底再买，肯定就不是现在这个价格了。您就别再犹豫了，今天就定下来吧！”（利用小道消息向客户施加压力）

肖老师小结

- 利用小道消息向客户施加压力。
- 利用特定稀有的机会来刺激客户。
- 虚张声势刺激客户时要基于事实，切不可过于夸大。

实战销售情景71：

买车容易，养车难啊

常见应对

1. 人人买车后都要养车的啦！
2. 难也要买啊！
3. ……（沉默）

诊断分析

“人人买车后都要养车的啦！”这样的回答虽然说的是事实，但客户听着会想起养车的种种难处，心里会觉得不舒服。

“难也要买啊！”这样的回答认同了客户的观点，认为养车确实难但难也要买，强调的是“难”字，会让客户感觉心有不甘，难以下买车的决定。

“……（沉默）。”销售人员沉默不语，放弃任何努力，不利于交易的促成。

导购策略

“买车容易，养车难”是客户买车前的一种抱怨，他这样说只是希望得到销售人员的理解与同情，希望你能够提供一些证据，证明他买车这种行为是正确的。所以，在处理这个异议时，销售人员首先要理解客户的感受，然后用买车能获得的好处来抵消养车难的坏处，让客户开开心心下决心买车。

妙语范例

客户：“买车容易，养车难啊！”

销售人员：“是啊，养车就跟养孩子一样，是一种甜蜜的负担！你想象一下，开着自己的车感觉是多么美好，可以悠闲地看风景，也可以自由自在地飞驰，想想车能带给您的种种便利与好处，您就会觉得为它付出是值得的。不要再犹豫了，今天就定下来吧！”（使用构图讲解法，描绘买车后的美好蓝图）

客户：“买车容易，养车难啊！”

销售人员：“您说得对，买车就像买宠物，买了之后还要花心思和金钱去养它。但是，它也会为您带来不少惊喜，例如您出门方便了，办事效率提高了，人脉更广了，家庭关系更融洽了……这些都不是用钱就能办到的。所以，想想车能带给您的种种便利与好处，您就会觉得为它付出是值得的！心动不如行动，我们现在就办手续吧！”

肖老师小结

- 理解和同情客户的感受。
- 使用构图讲解法，描绘一幅买车后的美好蓝图，激发客户的购买欲望。
- 列举证据证明客户买车是值得的。
- 引导客户开开心心地成交。

实战销售情景72：

你们的售后服务怎么样

常见应对

1. 我们的售后服务包您满意！
2. 我们的车子很少有质量问题，您不用担心售后服务！
3. 您放心啦，我们是老牌子了！

诊断分析

“我们的售后服务包您满意！”这样的回答给人信口开河、不负责任的感觉，很难取得客户的信任。

“我们的车子很少有质量问题，您不用担心售后服务！”这个回答的意思很模糊，对售后服务问题没有实质性的解释，难以消除客户对售后服务的担忧。

“您放心啦，我们是老牌子了！”这样的回答显得很空洞，缺乏说服力。

导购策略

售后服务是所有新车主必然关注的问题，客户询问售后服务方面的事情是客户准备成交的重要信号。在这种情况下，销售人员首先要表达对客户的关心与尊重，然后提供售后服务方面的具体保障或详细的解决方案，有效地将信心传达给客户，让客户放心购买。

妙语范例

客户：“你们的售后服务怎么样？”

销售人员：“您放心，我们的售后服务绝对是有保障的，因为售后服务是我们品牌领先于竞争对手的有力武器之一。目前国内汽车售后服务期限一般是2年或6万公里，而你看中的这款车提供的却是4年或12万公里的保修政策，是国内大多数车辆保修期的两倍，这意味着您将节省2～3倍的养护成本，而且车辆保值率更高。另外，我们品牌拥有配套完善的售后服务管理体系和过硬的服务质量，保证您买得放心，用得安心！今天就定下来吧！”

客户：“你们的售后服务怎么样？”

销售人员：“我很理解您对售后服务的关心，毕竟买车也是一个比较大的决策，那么，您最关心售后服务的哪些方面呢？”

客户：“是这样，我有个朋友去年买了一辆车，开了一段时间后就开始漏油，后来拿到4S店去修，修好后过了一个月又漏油，再去修，对方说要收3000元修理费，最后没办法，我朋友只好自认倒霉了。不知道你们在这方面是怎么做的？”

销售人员：“很感谢您的信任，请问您还有其他方面的问题吗？”

客户：“没有了，主要就是这个。”

销售人员：“好的，关于汽车的油路问题，我们采用的是意大利AA级标准的加强型油路设计，这种设计具有极好的密封性，即使在正负温差50℃，或者润滑系统失灵20 h的情况下也不会出现油路损坏的情况，所以漏油的概率极低。当然世上无绝对，如果万一出现了漏油的情况，您也不用担心，因为我们的售后服务承诺：从您购买之日起1年之内免费保修，同时提供24 h之内的主动上门的服务。您觉得怎么样？”

客户：“这样我就放心了。”

销售人员：“那我们就签合同办手续吧！”

肖老师小结

- 对客户表达关心与尊重。
- 详细解释售后服务方面的保障内容。
- 针对客户对售后服务的担忧提供解决方案。

实战销售情景73：这车一买回家就会贬值，我都不敢买了

常见应对

1. 话不能这么说，汽车也会带给您很多好处啊！
2. 您要坚持这样想的话，永远都不用买车了。
3. 那您告诉我，现在买什么东西不贬值？
4. 您要这么认为，我就没话可说了！

诊断分析

“话不能这么说，汽车也会带给您很多好处啊！”这样的回答太简单了，需要继续详细解释汽车的价值，才能有效消除客户的疑虑。

“您要坚持这样想的话，永远都不用买车了。”这种回答是一种赌气的说法，是故意让客户难堪，将使双方的交流陷入僵局。

“那您告诉我，现在买什么东西不贬值？”这样的言语对客户既不礼貌，又对问题的解决起不到丝毫的作用。

“您要这么认为，我就没话可说了！”这种回答太消极，不利于进一步的销售。

导购策略

客户提出汽车一买回家就会贬值，这是一个事实，我们不能去否定这个事实。所以要成功地处理这个异议，关键是从汽车能够带给客户的利益与价值方面着手，强调客户买了车之后能够享受的便利和快乐等，让客户觉得自己买这款车是物有所值的。

妙语范例

客户："这车一买回家就会贬值，我都不敢买了！"

销售人员："您的心情我理解，您是认为把汽车买回家之后如果再转售出去，价格就会比买价少了一截，对吗？"（通过封闭式提问，转移客户的关注点）

客户："对呀，肯定卖不到我买的这个价钱！"

销售人员："我想请问您买汽车是为了什么？是为了买回家就卖出去吗？"

客户："肯定不是啦，我才不会那么笨！"

销售人员："那就行了，您买汽车是为了要享受汽车带给您的便利和快乐，只要这款汽车买回去后能让您实实在在地享受到便利和快乐，那么现在决定购买就是正确的，买这款车就是值得的！您说呢？"

客户："这车一买回家就会贬值，我都不敢买了！"

销售人员："其实您的顾虑是多余的，因为就算您什么都不买，把钱存进银行也是会贬值的，对吗？"

客户："那也是。"

销售人员："所以惟一不贬值的就是把钱投资在自己身上，不断提升自己的赚钱能力。其中买车就是对自己最好的投资之一，因为汽车就像一个机会，拥有了汽车您就可以随时随地最大限度地改变自己的生活圈子和生活方式，您将会结识到更多的朋友，获得更多的赚钱机会，让原本平淡的生活变得更加丰富多彩！总之，早一日购买就能早一天拥有，现在就办手续吧！"

肖老师小结

- 避开贬值这个问题，追问客户买车的真正原因，转移客户的关注点。
- 否定客户的顾虑，将买车变成投资工具，让客户感觉值得。
- 顺势提出成交的要求。

实战销售情景74：

我自己决定不了，要回家与太太商量后再决定

常见应对

1. 这款车真的很适合您，还商量什么呢？
2. 您这么喜欢，就不用再考虑了！
3. 好啊，你们商量好了再来吧！

诊断分析

“这款车真的很适合您，还商量什么呢？”这样的回答语气上太强势，容易引起客户的反感和排斥。

“您这么喜欢，就不用再考虑了！”这种回答比较空洞无力，对客户来说没有说服力。

“好啊，欢迎你们商量好了再来！”这种回答表面上很客气，实际上客户会有被下逐客令的感觉。

导购策略

客户提出要回家与太太商量后再决定，其真实的想法可能有两种：一是害怕自己做出错误的决定，需要和太太商量后共同做出决策；二是客户有可能把与太太商量当做挡箭牌推延购买的时间，以便作为为自己争取更多利益的筹码。

销售人员在处理这个异议时，首先要理解客户的做法，然后找出客户提出异议的真实原因，如果客户要与太太商量的异议是真实的，那么可以用各种合适的理由，尽量让客户不用商量就决定下来；如果客户只是想获得一些优惠条件，那就适当做出一些让步或保证，促使客户立即做出购买的决定。

妙语范例

客户：“我自己决定不了，要回家与太太商量后再决定！”

销售人员：“您真是一个好丈夫，您有这种想法我很理解！毕竟买车对一个家庭来也说是一件大事，与太太商量一下，多做一些考虑，这样买了才不会后悔。不过这款车确实很抢手，我费了很大劲才为您争取到一个名额，这个名额可以保留三天，要不您先预交500元的定金，然后把订单带回去跟太太商量。三天之内如果您太太同意就请您来补办手续提车；如果她反对的话，您也可以把定金拿回去，这样不就两全其美了吗？”

客户：“我自己决定不了，要回家与太太商量后再决定！”

销售人员：“您别开玩笑了，您是一家之主，自然是您说了算啦！先生可不能把所有的事都交给太太去做，您自己也有解决问题的权利和义务啊。况且买车就像买礼物送给太太一样，您事先不告诉她，她才会更惊喜啊？”（对于大男人主义的客户很有效）

客户：“这主意也不错！”

销售人员：“先生，像您这样能够独立做主的人真是不多见了，您太太肯定很听您的话！现在就买下来吧！”

客户：“我自己决定不了，要回家与太太商量后再决定！”

销售人员：“先生，其实我可以感觉得出来您很喜欢这款车，并且这款车也适合您。可您说要回家与太太商量，是不是还有什么原因让您不想马上做出决定呢？”（引导对方说出顾虑并加以处理）

客户：“是的，我听说汽车近期可能会降价，我可不想刚买车就损失一笔钱。”

销售人员：“先生，是不是我们保证近期不会降价，您就马上签合同？”

客户：“可以啊，但你们如何保证？”

销售人员：“为了保障客户的利益，我们公司专门制定了‘差价补偿’保障计划，如果三个月之内降价我们可以为您补偿差价，您就放心买吧！”

肖老师小结

- 分析客户提出异议的真实原因。
- 根据具体情况处理客户的异议。
- 为客户制造立即购买的理由。

实战销售情景75：我不想这么快决定，还想再看看

常见应对

1. 不用看了，我们这里的条件是最好的啦！
2. 给您的价格这么低，您还去哪里找？
3. 好，欢迎您比较之后再回来！

诊断分析

“不用看了，我们这里的条件是最好的啦！”这样的回答比较武断，难以取得客户的认同，容易引起客户的反感或反驳。

“给您的价格这么低，您还去哪里找？”这样的回答着重强调了低价格，会有暗示客户贪图便宜、贪得无厌之嫌。

“好，欢迎您比较之后再回来！”这个回答会给客户一种被下了逐客令的感觉，客户正好借机离开。

导购策略

客户在成交前的那一刻都有犹豫的心理，他会想还有没有什么没有考虑到的或者没有考虑周全的地方，这是一种正常的心理，是人们一种自我暗示，销售人员要了解客户的这种心理，并正确引导说服客户。

销售人员在处理这个异议时，最关键的就是想方设法找到客户的最后一道成交的障碍，针对客户的不同心理需求进行沟通，并不同程度的满足他。

妙语范例

客户：“我不想这么快决定，还想再看看！”

销售人员：“我明白您很喜欢这款车，但还是想再转一转做最后的比较，如果我是您，我也会这么做的。在您做最后的比较之前，我想问您一个问题，您比较价格需要两周还是三周时间更充裕？”

客户：“两周应该足够了。”

销售人员：“那很好，恰好我们从下单到提车也大概需要两周的时间。如果您现在就能够认可这份协议，并交纳500元的定金，我们就能保证在您去比价的时间内就已经把车运过来了，当您发现我们才是您的最佳选择时，您就能立刻来补办手续提取您的爱车了。如果您看上了别的车，就回来把定金要回去，这样可以为您节省很多时间啊！”（假装销售已经成功，把协议交给对方）

客户：“我不想这么快决定，还想再看看！”

销售人员：“嗯，这是个明智之举，因为买车是一件大事情，谨慎一点是对的。您说还要再看看，是不是对我们还有一些疑问呢？”

客户：“是的，在我做出最后决定之前，还有一些问题我需要考虑清楚！”

销售人员：“好的，我们不妨一起把这些问题列出来讨论一下！”（拿出一些白纸，在纸上写下1到10的数字）

销售人员：“目前您最不放心的是哪一点？”（把顾客说的内容写在数字1的后面，然后再继续问，把下一个问题写在第2点的后面，如此类推）

销售人员：“还有没有我们没有想到的呢?这是最后一个问题了吗？”（当客户再也找不出问题时）

客户：“没有了，这是最后一个问题了！”

销售人员：“如果您提出的这些问题，我都能一一给您满意的答复，我不敢说一定做得到，但是如果我能，您是不是立即购买?”

客户：“是的，如果这些问题都能妥善解决的话。”

销售人员：“关于第一点……”（针对客户提出的问题一一解释和保证）

肖老师小结

- 理解客户成交前的心理顾虑。
- 找到客户的最后一道成交障碍。
- 满足客户不同的心理需求。

实战销售情景76：

就这样决定是不是太冲动呢

常见应对

1. 不会，每个人买车都要有做决定的时候啦！
2. 是有点冲动，但没关系啦？
3. 我不知道，您自己决定吧！

诊断分析

“不会，每个人买车都要有做决定的时候啦！”这样的回答是简单直线性思维方式的回应，但说服力不强，难以消除客户心中的焦虑。

“是有点冲动，但没关系啦？”这样的回答会让客户重新考虑购买决定是否正确，很可能会推迟购买或借故离开。

“我不知道，您自己决定吧！”这样的回答属于非常消极的回应，大大打击了客户的购买信心和热情，可能会导致销售进程终止。

导购策略

客户在做出最终的购买决定时，心理上都会有一些犹豫和焦虑，害怕自己做出错误的决定。所以，客户提出“就这样决定是不是太冲动呢”的异议，这时销售人员回答“是”或者“不是”，这桩买卖恐怕都难以成交。因为如果承认客户是冲动，那就意味着客户应该再详细考虑清楚才能下决定；如果否定这是冲动，又明显与事实不符。因此，销售人员应该给客户一个合理的购买理由，让客户觉得做出的购买决定是明智的和正确的。

妙语范例

客户：“就这样决定是不是太冲动呢？”

销售人员：“当然是冲动了！我们这款车确实能够打动人心，您也有为自己冲动买单的财力，您不知道有多少人想冲动却没有支付能力啊！拥有这款车就是一种豪华的冲动，喜欢才是重要的，您说是吗?”（观察客户的反应，接着解释）

销售人员：“您想象一下，当您傍晚开着这辆车载着您的爱人，行驶在海边的小道上，宽阔的海面上白帆点点，海风吹起您爱人的长发，轻轻拂在您的脸上，那是一种多么浪漫又美妙的感觉啊！”（运用构图讲解法描绘买车后的场景，引发客户的美好想象）

客户：“对，我要的就是那样的感觉，现在买了吧！”

客户：“就这样决定是不是太冲动呢？”

销售人员：“当然冲动啦！谁看到这款靓车不冲动？问题是多数人都因为经济能力有限而无法如愿，只有少数像您这样的成功人士才能支付得起自己的冲动！人生就是因为有了这样的冲动，生命才更富有激情啊！现在就办手续吧！”

肖老师小结

塑造客户的优越感，可以为自己的冲动买单。

用构图讲解法引发客户的美好想象，激发其购买欲望。

拥护和支持客户的购买决定。

实战销售情景77：

引导客户选购高配车

常见应对

1. ×先生，低配车差不多就是裸车，开起来哪有高配车舒适啊?
2. ×总，买低配车不是掉您的价吗?
3. ×先生，高配车豪华尊贵，开起来舒适有面子。

诊断分析

“×先生，低配车差不多就是裸车，开起来哪有高配车舒适啊?”这句话相当于销售人员自打嘴巴，伤害自己品牌的美誉度。

“×总，买低配车不是掉您的价吗?”这样说等于讽刺客户，会让客户心里很窝火。

“×先生，高配车豪华尊贵，开起来舒适有面子。”这句话说了等于没说，这类说辞太普通，很难打动客户。

导购策略

目前各品牌汽车在一个相同产品型号上，都设有多级销售价格，分为经济型、舒适型、豪华型、顶级配置等车型。经济型车的利润有限，而配置越高的车型对于厂家和4S店的利润就越高，因此销售人员如果懂得巧妙引导客户选购高配车，就会为4S店带来更多收益。

如何让客户心甘情愿地为高配车买单，销售人员可以通过“库房缺货”、“查看在途车”等为理由试探客户提车的迫切程度，再通过塑造高配车的价值，把客户关注的焦点从低配车的价格转移到高配车的价值上，从而成功打动客户的心。

妙语范例

销售人员：“×先生(女士)，很抱歉，你要的××经济型车最近几个月都缺货，好几个客户都等不及而选择了高配车，不如您也看看高配的吧?”

客户：“高配的贵那么多!”

销售人员：“高配的虽然要多花×万，但内饰高档豪华，配有恒温空调、天窗、真皮座椅等，大大增加了您的舒适性和便利性，开出去也让您倍有面子，而且保证您半个月就能提车。不如您先多了解一下高配车，感受感受再做决定?”

销售人员：“×先生(女士)，很抱歉，你要的××经济型车现在库房缺货，至少要等3个月才能提现车。其实经济型车是初级入门级车，您打算过几年会换车吗?”

客户：“嗯，不会。”

销售人员：“那您还不如再加两万元买舒适型的，座位都是真皮的、空调是恒温的、CD是六碟的，而且有现货，这样一步到位不是更舒适省心吗?”

销售人员：“×先生(女士)，您喜欢的这款××是我们最热卖的型号，可能要等几个月才能提车，看您要得这么急，要不我帮您查看一下有无在途车吧?”

客户：“什么是在途车啊?”

销售人员：“在途车是已从厂家运出，但尚未运抵4S店的商品车。如果有的话，也许能安排让您尽早提车。”

……

销售人员：“×先生(女士)，您真是运气好，真有一辆在途车，如果能申请到的话您一周后就可以来提车了，不过要争取这辆在途车要费些手续，公司规定提前提车需加价1万元或者加装价值1.5万元的精品才能申请，您觉得要申请吗?”

肖老师小结

利用库房缺货来试探客户选购高配车的意愿。

以查看在途车为理由试探客户是否愿意加价。

以较小的代价获得高配车各种优势来打动客户选购高配车。

杜绝欺诈行为。

实战销售情景78：
如果现在就买，还有什么额外的优惠吗

常见应对

1. 不好意思，没有了！
2. 对不起，不可能再优惠了！
3. 还要优惠，我们都要亏本了！
4. 真抱歉，这已经超出我的权限了！

诊断分析

“不好意思，没有了！”和“对不起，不可能再优惠了！”这两种回答明确地拒绝了客户的请求，没有给自己留退路，一旦客户不认可，订单就不可能成交了。

“还要优惠，我们都要亏本了！”这样回答的意思是暗示客户太贪得无厌，会让客户感觉很不舒服。

“真抱歉，这已经超出我的权限了！”这样的回答是暗示客户：这样的要求超出了我的权限，但你可以去找我的上级商量。这样会提高客户对优惠的期望值，增加成交的难度。

导购策略

在成交阶段，有些客户心里虽然已经做出了购买决定，但在付款之前还是会习惯性地要求优惠，为自己争取最后的利益。这个时候销售人员一定要有耐性，坚持不要做出价格让步，可以通过请示上级领导等方式，为客户提供一些成本不高的赠品，以表示对客户的重视与尊重，也作为鼓励客户立即成交的心理补偿。

妙语范例

客户："如果现在就买，还有什么额外的优惠吗？"

销售人员："这真让我为难了，因为您也知道，我们品牌的车子质量是口碑最好的，现在给您的价格已经很公道、很实在了，所以价格上是很难为您做出让步的，请您一定要谅解！"

客户："价格上可以不变，但您至少可以送一些东西给我吧！"

销售人员："嗯，我尽我的努力吧，如果您今天能决定买的话，我向公司为您申请一份价值500元的精美礼品，包括脚垫、车载冰箱等，您该满意了吧？"

客户："如果现在就买，还有什么额外的优惠吗？"

销售人员："您也知道，对于这款这么出色的车子来说，目前这个价格已经是市场上最低的了，原则上是不允许再优惠的。不过既然您提出了要求，我还是会尽我的全力和公司协调，看看能否为您申请一些赠品，您看是不是马上签约呢？"

肖老师小结

- 坚持不要做出价格让步。
- 以立即成交为让步的前提条件。
- 以赠品作为客户立即成交的心理补偿。

七、售后服务与怨诉处理

业界有一句名言“第一辆车是销售人员卖出去的，第二、三辆车是售后服务人员卖出去的。”良好的售后服务和对客户怨诉的及时处理会使新客户变成老客户。优秀销售人员业绩的60%来源于老客户，如果你拥有一大批忠诚的老客户，就等于给自己栽下了一棵棵摇钱树。

实战销售情景79：
主动给客户打电话回访

常见应对

1. 态度生硬，内容过于程式化。
2. 给客户打电话的时间不当。
3. 回访通话时间过长。

诊断分析

“态度生硬，内容过于程式化。”这种公事公办的回访电话给客户冷冰冰的感觉，容易引起客户的反感。

“给客户打电话的时间不当。”这种情况会让客户不爽，一方面影响到客户的工作和生活，另一方面会影响电话回访的质量。

“回访电话通话时间过长。”客户的耐性有限，过长的通话会让客户不耐烦，甚至反感。

导购策略

售后电话回访是提高顾客满意度的重要手段，它既可以传递对客户的持续关怀，增进与客户的感情，还可以发现销售过程中存在的不足。售后电话回访一般分为销售人员交车后对客户表示关怀的回访，以及客服部门针对销售人员执行标准销售流程和细节服务质量的回访。

在给客户打回访电话之前要事先设计好问题，拿起话筒前要先调节好自己的情绪，用热情礼貌的问候开场，避免给客户留下冷冰冰、公事公办的印象。另外，还要有针对性地选择好打回访电话的时间，不要在客户繁忙或休息的时候去回访。一般来说，选择上午11点至12点以及下午4点后的时间段进行回访，客户会比较愿意配合。

妙语范例

交车一周内销售人员回访

销售人员：“你好，是张先生吗?我是××4S店的小李，现在方便讲电话吗？方便是吧，您的车已经提了一段时间了，现在我想对您的××车做跟踪回访，需要打搅您几分钟。我们想了解一下您对您的爱车的基本操作都比较熟悉了吧？使用还满意吗？”

“哦，用得满意，好。如果您在使用中有任何问题，或者对我们的工作有什么意见和建议，请随时打电话给我或我们公司的客服专线，我们会尽力为您提供满意的服务的。再见！”

交车一个月内，客服部回访

客服专员：“×××先生/女士您好，我是××4S店客服中心的××，很冒昧打扰您！这次打电话给您主要是提醒您的××号牌车辆这个月到期保养了。请问您现在方便接听电话吗？”

情况1，客户：“抱歉，我正忙着。”

客服专员：“真不好意思，打扰您了，请有空时记得为您的车辆保养，我们随时等候您的到来，××先生/小姐，再见。”

情况2，客户：“有什么事呢？”

客服专员：“首先对您购买我们××品牌汽车表示由衷的感谢，为了更好地爱护您的车辆，在一到两个月内，3000公里左右车辆应该要做首保，首保是免费的，请您在进站的时候带着您的保养手册，我们的服务顾问和维修技师会为您的车进行一次全面的检查。”

客服专员：“×先生/女士，为了节省您的宝贵时间，我们还可以为您提供约预保养服务，如果您提前预约的话，我们会优先为您服务，预约电话是：××××××××。”

客服专员：“×先生/女士，请问您对我们的服务有什么意见或者建议吗?”

客服专员：“非常感谢您对我们工作的支持与配合。再见！”

肖老师小结

打电话前要调整好情绪，让客户感受到你愉悦的服务态度。

交车后致电客户表达关心，了解产品的使用状况，帮助客户解决使用中出现的问题，听取客户的意见和建议，建立与客户的进一步联系，提醒新车首保时间。

实战销售情景80：

客户不愿意做客户转介绍

常见应对

1. 为什么不愿意介绍呢？对你们双方都有好处啊。
2. 如果您介绍朋友来买车，我们会提供优惠的！
3. 您只需要把朋友的联系电话给我，不会浪费您太多时间的。

诊断分析

“为什么不愿意介绍呢？对你们双方都有好处啊。”和“如果您介绍朋友来买车，我们会提供优惠的！”这两种表达都暗示给客户好处，人为地把客户归类到贪小便宜之列，容易引起客户的反感。

“您只需要把朋友的联系电话给我，不会浪费您太多时间的。”这样的回答反映了销售人员不了解客户的心理，无法有效消除客户的顾虑。

导购策略

请求客户做转介绍是获得高质量准客户的最佳途径之一，获得客户转介绍的关键就是销售人员要主动提出请求。在请求现有客户为你介绍新客户之前，销售人员首先应诚恳地询问他们对你提供的产品与服务的印象如何，了解其真实评价。对于满意的客户，可以请他们为你提供准客户的名单及其较详细的基本情况。

有些客户不愿意或犹豫不决是否向你提供名单及相关信息，你需要想办法消除他们的疑虑，促使他们配合你的请求。在谈话时要注意保持轻松愉悦，切勿与客户争辩，令他们感到不适，还可以通过提出一至两个问题引发客户思考以获得名单。

妙语范例

销售人员：“××先生/女士，恭喜您拥有了这款与众不同的车子，同时谢谢您对我们的信任，不知道您对我们的服务是否满意呢？”（获得顾客对你的认同与肯定）

客户：“还不错。”（顾客的回答一般是肯定的）

销售人员：“谢谢您的支持与鼓励……”（表达自己的感谢）

销售人员：“在和您接触的这段时间里，我知道您是一位讲究生活品质又懂得享受人生的成功人士，我想您一定有一些同样想法的朋友，您能不能将他们介绍给我，让我有机会与他们认识，为他们提供同样的服务？”（请求对方协助）

销售人员：“在您认识的朋友中，谁会在近期买车？”（要求提供名单）

客户：“我的同事刘先生最近也在看车。”

销售人员：“太好了，麻烦您将刘先生的基本信息告诉我，以便我提供更有效的服务，刘先生的手机是……”（要求详细的信息）

销售人员：“非常感谢您提供这些信息，我和××先生/女士打电话时，会提到您对他们的关心以及我为您所提供的服务。”（再次感谢，说明接触方法）

销售人员：“当我与您介绍的朋友接触时，我一定以为您服务的热忱来为他们服务，我也会将我们面谈的状况与进度告知您，如果能够顺利成交，我们将赠送××给您作为酬谢，您认为如何？”（承诺回馈）

客户：“给你介绍朋友来买车？这样不好吧？”

销售人员：“××先生/女士，您对我们的服务还满意吗？”（请问原因）

客户：“还不错！”

销售人员：“您可以放心，我对您的朋友也会保持这种服务质量的。我只是想向他们介绍一下我们品牌的车，除非他们主动希望我做进一步服务，否则我不会向他们推销任何商品的。”（强调不会造成困扰）

销售人员：“因此，您能否可以给我一个机会，就像很多顾客乐意帮助我一样呢？”（请求顾客给你一次机会）

客户：“我想先问一下朋友的意见，下次再给你名单吧！”

销售人员：“非常感谢您的帮助，为了答谢您和您的朋友对我们的支持与信任，我们公司特别制订了一些优惠措施，如果您的朋友在我们店成功买车，他就可以额外获得××，而您也将获得××。所以，您是不是可以给我一个机会，让我尽快跟他分享这个好消息？”（说明可能的结果）

客户：“这样的话，让我再想想！”

销售人员：“您放心，因为是您的推荐，您的朋友将能及时获得我们的服务，进而了解我们的品牌和服务。”（强调你的服务及责任）

销售人员：“我向您保证，我只是希望能够为您的朋友提供一个了解我们品牌的机会，绝不会向他们强行推销，除非他们主动希望我作进一步的服务，否则我不会向他们推销任何东西。因此，请您给我一个机会就像很多客户乐意帮助我一样。”（保证你不会强迫对方购买）

肖老师小结

了解客户对产品与服务的真实评价，请满意的客户为你提供准客户的名单及详细资料。

想办法消除客户的疑虑，促使他们向你提供名单及相关信息。

在谈话的过程中保持轻松愉悦，切勿与客户争辩。

实战销售情景81：

客户投诉售后服务电话老是打不通

常见应对

1. 是吗？有这种事情？
2. 不会吧，您什么时候打的？
3. 您打的时候可能是高峰期，过一会再打就好了。
4. 这种情况很少出现啊。

诊断分析

“是吗？有这种事情？”和“不会吧，您什么时候打的？”这两种表达是以怀疑和不信任的语气去质问客户，双方的矛盾很可能会进一步加剧。

“您打的时候可能是高峰期，过一会再打就好了。”这样的回答理由很牵强，不足以令客户信服。

“这种情况很少出现啊。”这样的语言过于简单苍白，让客户感觉销售人员在敷衍他。

导购策略

当发生客户投诉时，销售人员应认真对待，并从客户的角度考虑问题，不能推诿搪塞，更不能责怪客户，要本着双方都满意的原则来处理问题。

客户投诉售后服务电话老是打不通时，不论责任是否在企业或销售人员，都要诚心诚意地向客户道歉，认真倾听客户述说事情发生的具体经过，了解情况后提出具体的解决方案，最后还要对客户提出的问题表示感谢。

妙语范例

客户：“你们只注意售前，不注意售后，售后电话老占线！”

销售人员："很抱歉，您可以把您的遭遇详细告诉我吗？"（接受批评）

客户："我今天打了一个早上……真是气死我了！"

销售人员："喔，原来是这样！您是说今天早上打我们的售后服务电话一直都在占线，是吗？"（认真倾听，复述问题，记录在案）

客户："对，你们真是太过分了？"

销售人员："这确实是我们的错，非常感谢您反映的情况！其实我们一向都很重视售后服务的，但因为最近我们的售后服务进入了高峰期，导致售后服务电话有时候会占线，所以才发生了您所说的事情，真的很对不起。"（真诚道歉，化解对方怒意）

销售人员："您的意见我会尽快向上级反应，并且我们公司已经决定尽快开通更多的售后服务电话或增加更多的售后服务接线人员了，相信这种状况很快就会得到妥善解决的！请问您还有其他问题吗？"（提出解决方案）

客户："没有了。"

销售人员："好的，谢谢您的意见，抱歉给您带来了不便，再见！"

客户："你们的售后服务电话不是老占线就是没人接，真是太过分了！"

销售人员："对不起，由于我们的工作不周给您带来了不便！请问这种情况是发生在什么时候？"

客户："昨天下午我连续打了3个小时都没打通，你说你们是怎么搞的？"

销售人员："我理解您的心情，无论是谁碰到这种情况都会很恼火的！昨天之所以会出现这种情况，是因为我们的电话服务系统出现了故障，不过在下午六点钟之前已经修好了。很抱歉昨天下午浪费了您的时间，以后我们在这方面一定会加强管理，防止类似的事情发生。请问您还有其他问题吗？"（站在顾客的立场想问题）

客户："没有了。"

销售人员："很感谢您来电提出意见，谢谢！再见！"

肖老师小结

- 站在客户的角度，耐心倾听客户的投诉。
- 真诚地向客户表示歉意。
- 提出有效的解决办法，感谢客户提出的意见。

实战销售情景82：

客户投诉售后服务人员态度差

常见应对

1. 是吗，麻烦您先把事情的经过讲一下！

2. 售后服务人员的工作是很辛苦的，您是不是体谅一下他们呢？

3. 那您想怎么样呢？

诊断分析

“是吗，麻烦您先把事情的经过讲一下！”这种不信任的口吻只能让客户火上加油，很容易引发进一步的冲突。

“售后服务人员的工作是很辛苦的，您是不是体谅一下他们呢？”这种明显偏袒公司内部人员的做法将会激起客户的更大不满。

“那您想怎么样呢？”这种挑衅的语气会伤害客户的自尊心，造成客户产生对立情绪。

导购策略

由于服务人员态度不佳而产生的客户投诉，并不像商品质量那样具体且有明确的证据，而且即使是同样的待客态度和习惯，也可能因客户的心理不同而产生不同的反应。

所以，在处理这种投诉时，相关人员首先应仔细地听完客户的陈述，然后向客户提出解决的办法，如果确实是服务人员的过失，应当作出相应惩罚的承诺，以期得到客户的谅解，并且事后一定要督促其改进服务。

妙语范例

客户：“你们的售后服务人员态度太差了！”

销售人员：“对不起，请问是什么事情让您不开心？您可以把事情的详细经过告诉我吗？”（询问事情发生的真正原因）

客户：“我的车买了才两个星期就发现有跑偏现象，我打电话给销售代表，他说要问售后服务部，售后服务部说要问相关技术人员再回复我。可是我等了3天还不见回话，我就再打电话到售后服务部投诉，他们居然挂了我的电话，真是岂有此理！”

销售人员：“很抱歉，对于您反映的情况我已经记录下来，我们会及时展开调查并做出初步的处理方案，请您留下您的电话，我们会在三天之内与您联系。最后，很感谢您对我们的监督与批评，我们今后一定要加强对售后服务人员的教育和管理，不会让类似的事件发生，再见！”

客户：“你们的售后服务人员态度太差了！”

销售人员：“对不起，请问是什么事情惹您生气了？”

客户：“我的车每次出现问题，如异响、发动机顶杆等，你们的售后服务人员都敷衍我说‘没事的，噪声不大呀，或者说这车就这样，我们也处理不了，等等。’而且昨天下午我的车在高速路上出了故障，我打电话叫修，他们不但姗姗来迟，态度还很差……”（冷静倾听事情发生的经过）

销售人员：“发生这种情况，我们感到非常的遗憾。对于昨天下午的事情，我们会马上通知相关部门尽快调查清楚，如果情况属实，将对相关人员做出相应的处罚。由于他们的疏忽造成了您的不便，真的很对不起，以后我们一定会加强这方面的管理，谢谢您的来电，再见！”（安抚客户的情绪）

肖老师小结

- 询问事情发生的真正原因。
- 向客户道歉，安抚客户的情绪。
- 提出具体的解决办法。

实战销售情景83：客户抱怨维修的服务网点太少

常见应对

1. 一般进口车都是这样的啦！
2. 您放心，这方面我们正在改进中。
3. 我们公司会考虑增加服务网点的！
4. 我们的车质量都很好，就算服务网点少一些也没关系啦。

诊断分析

“一般进口车都是这样的啦！”这是一种推卸责任的表达，显示了销售人员缺乏解决问题的诚意，会令客户更加失望。

“您放心，这方面我们正在改进中。”和“我们公司会考虑增加服务网点的！”这两种表达意思很模糊，明显是在敷衍客户，很难让客户满意。

“我们的车质量都很好，就算服务网点少一些也没关系啦。”这种说话明显是偷换概念，聪明的客户肯定会据理力争，容易引发双方的争执。

导购策略

健全完善的服务网点是售后服务体系的一个重要的方面，有些客户选购的车型只在一类城市设有服务网点，二类城市或者县级市等区域内没有服务网点，这确实会给客户的车辆保养和维修带来很多麻烦，客户对这方面进行投诉也是很正常的。

在处理客户关于服务网点太少的投诉时，千万不要企图狡辩、强辩，这样只能让事情更加糟糕。当务之急就是要诚恳道歉，平息对方的情绪；然后让对方发泄不满，吐尽所有的苦水，他“发泄”完毕后心里自然会好受一些；最后你再进行入情入理的解释和说明，让客户感觉到自己受到了尊重，而且自己投诉的问题会很快得到解决。

妙语范例

客户：“你们的维修贵我就不说了，连正规授权的服务网点都那么少，真是太黑了！”

销售人员：“真的很抱歉，因为我们的工作不到位，造成了您的不便。您可以将您遇到的情况告诉我吗？”

客户：“你们没有在我们这个城市设置服务网点，而我的车最近出了毛病，可是又不敢在一般的维修店维修，如果要到特约维修店去修车，就必须跑到附近的大城市去，来回一次至少浪费我一天的时间……”

销售人员：“我们在布置维修服务网点时，过于考虑服务站的经济效益，所以导致布点有些不均匀。这一点我们公司已经意识到了，而且还制订了具体的改进措施，相信再过半年，情况肯定会有所好转的。请问您有没有相关的建议提供给我们，以便我们日后改进？”

客户：“至少你们应该在我们这些中小城市设立快修服务点，给车主提供日常保养和小件维修，等到条件成熟再建大型维修服务部，这样就可以省掉我们很多烦恼了。”

销售人员：“非常感谢您的建议，我会尽快反馈给公司的，谢谢您，再见！”

客户：“早知道你们的服务网点那么少，修车要去那么远的地方，我就不买你们的车了！”

销售人员：“对不起，您的心情我很理解！”

客户：“我们湖南省只有长沙才有你们售后服务网点，也就是说我的车进行首保必须要跑到500km外的长沙进行，这样要浪费我多少时间和金钱？而且更惨的是，如果以后我的车出现了故障，我也得跑到500km之外的特约维修站去处理。我真后悔买了你们的车，你们根本就没有考虑我们这些车主的利益！”（耐心听客户发泄不快）

销售人员：“对于售后服务网点的设置，我们确实存在失误，这一点还希望您能谅解！其实我们已经在寻求解决的办法了，并且准备采用一些变通的方式，例如将一些中小城市信誉较好的维修点作为我们的特约维修点，让他们检修我们品牌的车。这个方式我们已经在试点了，如果可行的话很快就会推广开来，相信这个问题很快会得到解决的，您就放心吧！”

肖老师小结

- 以诚恳的道歉平息客户的情绪。
- 耐心倾听客户发泄心中的不满。
- 最后提供合理的解释和妥善的解决方案。

实战销售情景84：客户投诉汽车维修服务等候时间过长

常见应对

1. 其实汽车维修涉及的方面比较广，很多地方都不是我们能够控制的！
2. 我们也只能按照正常的程序进行啊！
3. 对不起，我们已经尽力了！

诊断分析

"其实汽车维修涉及的方面比较广，很多地方都不是我们能够控制的！"和"我们也只能按照正常的程序进行啊！"这两种说法是销售人员在推卸责任，只能会让客户更加生气和失望。

"对不起，我们已经尽力了！"这句话的语气过于生硬，不肯为客户寻找解决问题的办法，让客户觉得公司和销售人员过于冷漠。

导购策略

对于车主来说，时间是最宝贵的财富，因配件供应不足、维修人员缺乏或同时维修保养的客户过于集中等原因，造成维修保养等待的时间过长，不但会导致客户对汽车品牌的重新认识，还会影响客户其他正常的工作和生活，从而导致客户投诉。在处理此类投诉时，首先要承认错误，对因此造成客户的不便致歉，然后解释造成这种情况的原因，以及缓解这种情况可以采取的具体措施，让客户感觉你是有诚意为他解决问题的。

妙语范例

客户："你们维修保养的价格那么高，这些我都不说了，但每次等候的时间还那么长，真是烦死了！”

销售人员：“是的，您说的这种情况确实存在，因为新车的各种维修保养必须在指定的4S店进行，尤其是周末和节假日人们比较集中所以等待的时间比较长，因此建议您尽量避开周末和节假日，而且尽量提前预约，这样会得到优先安排，节省您的时间。同时，为了让客户在等待的过程中不至于太无聊，我们最近在休息厅增加了书刊杂志、各种茶水饮料和电脑上网等服务。另外，我们还准备多增加一些工作人员。您觉得这些措施会对您提出的问题有帮助吗？”

客户：“还行，这要看你们的具体落实情况了。”

销售人员：“你说得没错，其实服务问题一直是我们非常想做好也比较难做好的问题，但只要我们认真去做，我们还是有信心去做好的，在这个过程中给您造成的不便请您谅解，我们一定尽量改善，感谢您的来电，祝您用车愉快!”

客户：“我的空调泵和倒车雷达需要更换，从4S店下单进货到现在都已经两个多月了，还说没有到货，我多次打电话去催，他们次次都说快到了、快到了，再拖我都快过保修期了！真不明白你们的人是怎么做事的！”

销售人员：“您的迫切心情我能理解，但还是请您再等几天。您的投诉我们已经收到了，并且正在对您的这件事情进行处理，配件已经在调配中，很快就会运到，相信最多在一周内肯定可以收到，到时我会第一时间打电话通知您，给您带来的不便敬请您谅解！”

肖老师小结

- 理解客户的心情，并致歉。
- 解释造成等待时间较长的原因。
- 提供解决问题的具体措施。

实战销售情景85：

客户投诉维修记录索要难

常见应对

1. 这是汽车行业的普遍做法，我们也是循例而已！
2. 您放心，就算没有单据，我们也会保证车子的安全的！
3. 我们那么大一个店在这里，您还怕我们跑了？
4. 每个客户来维修都是这样的啦，别人都没有意见啊。

诊断分析

“这是汽车行业的普遍做法，我们也循例而已！”这种说法是将不给客户维修记录的责任推卸到汽车行业上，会导致客户对整个汽车行业的不信任。

“您放心，就算没有单据，我们也会保证车子的安全的！”和“我们那么大一个店在这里，您还怕我们跑了？”这两种回答只是苍白地劝说客户应该相信4S店，但没有提供能让客户信服的理由。

“每个客户来维修都是这样的啦，别人都没有意见啊。”这句话是暗示客户无事生非，别人都没有意见，就你有意见。这种不尊重客户的语言会引起客户的对立和反驳。

导购策略

现在的消费者已经越来越成熟，维权意识也不断提高，很多车主在维修汽车的过程中，对维修店不出具相关单据都颇有怨言。销售人员在处理这类投诉时，首先要详细了解客户的具体情况，但对于解决的办法不能擅自做主，而是应该通过向上级汇报，有了具体的处理意见再在一定的期限内主动反馈给客户。

妙语范例

客户：“现在到超市随便买点东西都会有详细的单据，为什么我几十万元的车交给你们维修，却连个白条也不开给我？真是太过分了！”

销售人员：“很抱歉，维修服务店什么单据都没有给您吗？”

客户：“他们接车后，前台服务人员出具了一个一式两份的维修任务委托书，并且让我在这张委托书上签字，签字后的委托书交给了站内的维修人员，我交车后手中就没有任何字据了。如果你们的工作人员在维修期间丢失了我的车或者是他们私自驾驶我的车外出办事发生车毁人亡的恶性交通事故，你说我该怎么办？”

销售人员：“我很理解您的心情，这确实是维修店的工作人员在工作上有所疏忽，以至给您留下了不好的印象，真是很抱歉！对于您反映的情况，我都已经记录下来，我们的相关部门会对这件事情进行调查核实，至于具体如何处理，我会在一周之内与您联系，请您留下您的详细联系方式，好吗？”

客户：“我的车送到你们店维修已经一个星期了，但是我送修时店里既没给一个记录当时车辆现状的交车单，更没出具维修项目清单。真不知道你们是怎么搞的！”

销售人员：“那您有没有要求他们给您出具相关单据？”

客户：“我问了，但他们的答复是‘平时都这样，没开过单据，我们知道您的车在这里维修就行了’。你们的4S店管理真的太混乱了，我对你们品牌都没有信心了！”

销售人员：“很抱歉，这确实是我们的错！我会将您的意见向上一级反映，请您留下详细的联系方式，具体的处理情况如何，我会在一周之内反馈给您，谢谢您的意见，再见！”

肖老师小结

通过询问了解客户遇到的具体情况。

将客户的情况向上一级反映，承诺在一定期限内主动将处理结果反馈给客户。

就算客户的言论比较极端，也不要与之计较。

实战销售情景86：

客户投诉汽车质量太差

常见应对

1. 您提车的时候都没有问题，而且您自己也检查过的！

2. 是不是质量问题还要检查后才能下结论吧？

3. 人也会生病啊，车出点毛病也不奇怪吧？

诊断分析

“您提车的时候都没有问题，而且您自己也检查过的！”这句话是把责任推卸到客户身上，暗示客户买回去之后才出现问题。

“是不是质量问题还要检查后才能下结论吧？”这样的说法是暗示客户不要乱下结论，言下之意是说车子可能不是质量问题而是客户的人为因素造成的。

“人也会生病啊，车出点毛病也不奇怪吧？”这样的狡辩很容易引起客户的不满，从而引发双方的争辩。

导购策略

因为汽车三包法尚未出台，调解汽车质量问题的投诉所依据的法规十分欠缺，一般可以依据购车合同内商家的承诺以及汽车说明书和保修卡内厂家的承诺要求履行承诺。

在处理客户关于汽车质量的投诉时，首先要耐心倾听，让客户感觉受到尊重，从而赢得客户的信任。然后记录具体的质量问题，如果是立即可以解决的，就告诉客户具体的解决方案；如果不能马上解决的，可以告诉客户你会把这件事情尽快反映给相关部门，由相关部门具体协调解决。

妙语范例

客户：“你们的车子质量太差了，我真后悔上了你们的当！”

销售人员：“对不起，希望我能帮到您！您可以将具体的情况告诉我吗？”

客户：“我今年2月5日购买了你们的××豪华型汽车，4月10日在路上正常行驶的过程中感觉比平常颠簸，下车查看原来是前右外胎爆胎了。于是去修车厂检修，发现这个轮胎的边侧出现两处1.5cm的口子，明显是轮胎的质量问题嘛。”

销售人员：“好的，我在记录，您继续说。”

客户：“于是我就打电话向厂家反映，但工作人员认为轮胎是受外力造成的，不承认这是质量问题，也不负责赔偿。而且态度很恶劣，说这么大的厂子不怕我个人，随便我去告，愿意找谁找谁。对于这种解释我不能接受，我的车买了不到三个月，行程3020km，而且只是在市内的路面行驶，出现这种情况，不是质量问题是什么？你们厂家没有派专业技术人员来查看，就直接否定是质量问题，怎么能让我信服？你们对用户太不负责任了，轮胎涉及的是整车的安全，为了节约成本也不能用质量不合格的产品欺骗消费者呀，我太气愤了！”

销售人员：“十分抱歉我们公司的产品给您带来了不便，对于您所反映的问题，请您提供详细的姓名、电话以及车辆的详细信息，我们会联系相关的经销服务站为您的汽车轮胎进行检测，如果确实属于质量问题，我们会负责免费为您换轮胎；但如果是您在驾驶过程中因各种原因造成的后果，那您就要自行负责更换了。这样处理您觉得可以吗？”（提供解决方案）

客户：“好，就这么办吧！”

客户：“你们的车子质量次，服务也差，我对你们真是失望透顶了！”

销售人员：“对不起，我们对因车子给您带来的不便深表歉意，我能了解一下详细的情况吗？”

客户：“我的车买了不到4个月，但跑你们的4S店却不下30趟了，电动镜开关失灵、前门中控锁不能上锁、发动机异响、档位不清晰……唉，浪费了我多少上班时间和金钱，早知道这样我就不买你们的车了！”

销售人员：“很抱歉给您带来了不便！请问现在您急需协助解决的是

什么问题呢？”

客户：“最近我发现车子的制动发软，感觉制动失灵，你说怎么办？”

销售人员：“其实汽车也是商品，不可能做到完美无缺。至于您说的这种情况，麻烦您把车开到我们的4S店去做详细的检查，如果属于我们的质量问题，维修人员应该为您免费更换制动盘，请问您还有其他问题吗？”

客户：“暂时没有了。”

销售人员：“好的，谢谢您的来电，如有需要欢迎您随时与我们联系，我公司24h客服热线：400×××。再见！”

肖老师小结

- 对投诉的客户要热情接待，并设身处地的表示关心。
- 公平地处理客户的问题，而不是埋怨、否认或找借口敷衍。
- 专业迅速地为客户解决问题。

实战销售情景87：
客户投诉汽车配件收费不合理

常见应对

1. 配件的价格是厂家规定的，我们也没有办法！
2. 不用投诉了，我们的收费是经过物价部门批准的！
3. 这是原厂生产的配件，价格肯定比普通的配件高啦！

诊断分析

"配件的价格是厂家规定的，我们也没有办法！"这样的回答语气过于生硬，给客户拒人于千里之外的感觉。

"不用投诉了，我们的收费是经过物价部门批准的！"这种表达过于嚣张，给客户传达的意思是"物价部门都批准了，你投诉也没有用，你能把我怎么样？"

"这是原厂生产的配件，价格肯定比普通的配件高啦！" 即使说的是事实，但说话的语气"很冲"，让客户难以接受。

导购策略

车主买车之后天天在路上行驶，难免会出现故障，加上一些易损配件经常需要更换，因此产生的费用给车主养车增加了不少负担。尤其是目前市场上的配件五花八门，价格也相差很大。很多车主不具备专业的鉴别能力，所以往往抱怨正规的4S店的配件价格太高。

在处理这种投诉时，不要与客户争辩，而是先认可他反映的情况确实存在，然后将原厂配件与伪劣配件之间的质量进行对比，最好引用一些有说服力的实际案例或统计数据，最后把解释的重点落在就算贵也要到4S店买原厂配件上。

妙语范例

客户：“你们的配件价格也太贵了，一个灯泡也要好几百元，别的地方一百元就能买到，这太不合理了！”

销售人员：“您先别急，您这个问题太有代表性了！您说得没错，同样的配件因质量不同副厂件跟正厂件之间的价格确实相差很大，而且一般消费者很难分辨真假。这就好像满大街都在买的LV手袋，冒牌货几十元就有交易，而正品动辄要几千元，因为质量不一样啊！汽车配件的情况也一样，正厂配件质量好，使用年限长；而假冒伪劣配件质量差，使用时间短。”

客户：“还有这样分的吗？我不清楚！”

销售人员：“我的一个客户上个月贪图方便在一个维修店保养车辆后，发现油耗越来越大，后来竟达到百公里12L，比原来翻了近一倍。经检查，他发现此前更换的空气滤清器不是正厂件，空气滤清器的毛被吸入发动机，从而导致油耗增大。所以假冒伪劣配件不但会对车子的正常使用产生负面影响，严重的话还会导致车毁人亡！因此，就算价格稍高我们还是应该到正规的4S店进行维修，您说呢？”

客户：“同样的配件，别的地方比你们便宜好几倍，你们也太坑人了！”

销售人员：“您说的这种情况确实存在，但我们提供的是正厂配件，也就是汽车厂家装配在原车上的专门指定厂家生产的零部件，绝对保证质量。而您说便宜几倍的是假冒伪劣配件，虽然在外表上看上去区别不大，但他们的质量差，容易给车辆埋下安全隐患，例如几元钱的劣质点火线圈就会造成起动机瘫痪。”

客户：“哦，原来是这样。”

销售人员：“事实上，汽车配件的质量是人命关天的大事，有数据表明，车辆故障原因有70%是由于汽车配件的质量和装配技术等问题引起的，而其中使用假冒伪劣配件的情况占多半，像制动系统、转向系统和照明系统等关键部件一旦出现质量问题，就可能会引发车毁人亡的恶性事故！汽车每天都在路上跑，您可千万不要因贪图便宜或一时大意而给车辆及人身安全带来不可估量的损失，您说对吧？”

肖老师小结

- 认可客户反映的情况确实存在。
- 指出原厂配件与伪劣假冒配件的区别。
- 分析假冒伪劣配件与人身安全之间的关系。

实战销售情景88：
客户因汽车存在质量问题要求退换

常见应对

1. 对不起，不能退换只能提供维修服务！

2. 您别浪费精力了，退换是绝对不可能的事情！

3. 如果属于质量问题，最多只能是换一辆！

诊断分析

“对不起，不能退换只能提供维修服务！”和“您别浪费精力了，退换是绝对不可能的事情！”这两种回答太过于绝对，把自己的后路堵死了就失去了回旋的余地，将导致自己处于不利的位置。

“如果属于质量问题，最多只能是换一辆！”这样的表达会立即提高客户对处理结果的期望值，容易使自己陷入被动的局面。

导购策略

我国目前还没有一部规范汽车市场的法律法规，而汽车销售一般实行代理制，如果销售商为客户退换车，而厂家又坚决不承担责任的话，那么销售商就会损失惨重。因此，对销售商而言，客户买车后出现的质量问题，在保修期内只能提供免费维修、更换部件等服务。

对于客户因汽车存在质量问题要求退换的投诉，销售人员要热情接待、高度重视，并详细解释不能退换的原因，必要时给客户提供一些“象征性的额外补偿”，以弥补车子质量不好带给客户的损失，例如赠送保养服务、免费礼物等，以尽量消除客户的不满。

妙语范例

客户："我的车买了不到半年，买车的第三天就发现车门打不开，到特约维修站修好后没几天，接着差速器、里程表也坏了，又去修。后来又换了变速器总成、后桥总成和消声器总成，还有传动轴。我都不记得跑了多少次维修站，而且从家到维修站往返需要30km，有时厂家的配件迟迟不到，最短等了10多天，最长等了两个月。现在我累了，不想再忍也不想再修了，我要退车！"（用心聆听）

销售人员："对于您遇到的这种情况，我们也觉得很遗憾！我们承认车子是存在一些质量上的小问题，但都不会影响车子的行驶，所以我们都以免费维修为主。所谓'人无完人，车无完车'，新车子肯定有一个磨合期，出现的这些小问题都是可以解决的，您说对吗？"（表示道歉，平息客户的怒气）

客户："就算你们肯修，我也不想再浪费时间和精力了，你还是给我退了吧！"

销售人员："您这样就让我们为难了，因为厂家对车子没有实行'三包'，如果您硬要退给我们，到时候厂家是不给我们退回去的，这样所有损失只能算在我们头上，我们哪里承受得起？再说了，车子只有符合在'保修期内，因性能问题修理两次，仍然不能正常使用'的条件才能退，您的车子出现的只是一些小问题，还达不到退车的标准。但是我们是很有诚意为您解决问题的，请问您如果在不退车的前提下，我们可以为您做些什么？"（引导客户说出解决的办法）

客户："那你们赔偿我误工费、汽油费等合计一万元吧！"

销售人员："我们是很有诚意的，但也要本着友好协商，多为对方设想的原则去考虑问题呀，您提出的这个要求是没有法律依据的。但考虑到车子确实给您带来了不便，我们根据以往处理这方面投诉的最高标准可以再送您3次保养，再帮您做一下整车的装潢，把座垫换成真皮的，您觉得这样处理可以吗？"（提供象征性的额外补偿，礼貌结束）

客户："那就这样吧！"

客户："去年秋天才买的这辆车，跑了1600km后，行驶时尾气就开始冒蓝烟，到指定的维修站维修后不久又开始冒蓝烟，后来经过维修站的几次处理，蓝烟不冒了，水温又不断出现异常。于是又跑去维修，水温正常了，没过多久，变速器又出现渗漏机油的现象……明明是一辆新车，却不断地出现质量问题，虽然每次都给维修了，但耗费了我大量的精力和时间，严重地影响了车辆的使用。这样严重存在质量问题的车你们也敢卖给消费者，这简直是欺诈，您给我退了，否则我就找媒体曝光！”

销售人员：“对于您的情况我们也觉得很抱歉，我们为车子发生故障给您造成的使用不便表示歉意！我们肯定会对您的车子出现的问题负责，您可以到我们指定的维修点免费修理……”

客户：“我不想再听你们的废话了，消费者买了有质量问题的商品都可以退货，你们的车子为什么不可以退？”

销售人员：“说实在的，车子能不能退，这不是您和我说了算的。国家规定车子只有符合在‘保修期内，因性能问题修理两次，仍然不能正常使用’的条件才能退。如果您一定要退，那么您可以与厂家共同委托一家有检测资格的鉴定机构对您的车子进行检测，如果鉴定结果表明车子确实存在质量问题，那么厂家应该可以更换或退货；如果您的车子的故障确实是偶发现象，不能立即检测出来的话，就只能通过协商更换零件等方式来解决了！不过能检测的机构很少，检测费用也是一笔很大的支出，况且像您的车子的情况，确实没有存在大问题，肯定达不到退换的条件。”（停顿一下）

销售人员：“所以，我觉得您没有必要浪费时间和金钱去检测了，不过考虑到车子确实给您带来了不便，我可以尽量为您向公司争取一些补偿，如果送您3次保养，再帮您做一下整车的装潢，把座垫换成真皮的，您觉得可以吗？”

肖老师小结

让客户发泄怒气，并表示理解和关注。

明确表示愿意为客户解决问题，并同客户一起找出解决办法。

为客户提供象征性的额外补偿，必要时请上司出面。

八、汽车专业术语解读

你是否见过病人跟药师说：“我要买自己听说的药，不买你推荐的药”？你是否见过病人对手术医生说：“我的手术要这样做，不要那样做”？因为专业，所以权威！医生拥有专业的知识和技能，赢得了病人的完全信赖与尊重。汽车销售人员必须像医生一样的专业，彻底了解自己销售的汽车的专业术语，才能赢得像病人对待医生一样的信赖与尊重。

整车装备质量(kg)

整车装备质量是指汽车完全装备好的质量，包括润滑油、燃料、随车工具和备胎等所有装置的质量。

最大总质量(kg)

最大总质量是指汽车满载时的总质量。

最大装载质量(kg)

最大装载质量是指汽车在道路上行驶时的最大装载质量。

最大轴载质量（kg）

最大轴载质量是指汽车单轴所承载的最大总质量，与道路通过性有关。

车长(mm)

车长是指汽车长度方向两极端点间的距离。

车宽(mm)

车宽是指汽车宽度方向两极端点间的距离。

车高(mm)

车高是指汽车最高点至地面间的距离。

轴距(mm)

轴距是指汽车前轴中心至后轴中心的距离。

轮距(mm)

轮距是指同一车桥左右轮胎胎面中心线间的距离。

前悬(mm)

前悬是指汽车最前端至前轴中心的距离。

后悬(mm)

后悬是指汽车最后端至后轴中心的距离。

最小离地间隙(mm)

最小离地间隙是指汽车满载时，最低点至地面的距离。

接近角(°)

接近角是指汽车前端突出点向前轮引的切线与地面的夹角。

离去角(°)

离去角是指汽车后端突出点向后轮引的切线与地面的夹角。

转弯半径(mm)

转弯半径是指汽车转向时，汽车外侧转向轮的中心平面在车辆支撑平面上的轨迹圆半径。转向盘转到极限位置时的转弯半径为最小转弯半径。

最高车速(km/h)

最高车速是指汽车在平直道路上行驶时能达到的最大速度。

最大爬坡度(%)

最大爬坡度是指汽车满载时的最大爬坡能力。

平均燃料消耗量(L/100km)

平均燃料消耗量是指汽车在道路上行驶时每百公里平均燃料消耗量。

车轮数和驱动轮数($n \times m$)

车轮数和驱动轮数是指车轮数以轮毂数为计量依据，n代表汽车的车轮总数，m代表驱动轮数。

MPV

MPV的全称是Multi-Purpose Vehicle，即多用途汽车。它集轿车、旅行车和厢式货车的功能于一身，车内每个座椅都可调整，并有多种组合的方式，例如中排座椅靠背翻下即可变为桌台，前排座椅可作180° 旋转等。近年来，MPV趋向于小型化，并出现了所谓的S-MPV，S是小(Small)的意思。S-MPV车长一般为4.2～4.3m，车身紧凑，一般为5～7座。

SUV

SUV的全称是Sport Utility Vehicle，中文意思是运动型多用途汽车。现在主要是指那些设计前卫、造型新颖的四轮驱动越野车。SUV一般前悬架是轿车型的独立悬架，后悬架是非独立悬架，离地间隙较大，在一定程度上既有轿车的舒适性又有越野车的越野性能。由于带有MPV式的座椅多组合功能，使车辆既可载人又可载货，适用范围广。

RV

RV的全称是Recreation Vehicle，即休闲车，是一种适用于娱乐、休闲和旅行的汽车，首先提出RV汽车概念的国家是日本。RV的覆盖范围比较广泛，没有严格的范畴。从广义上讲，除了轿车和跑车外的轻型乘用车，都可归属于RV。MPV及SUV也同属RV。

皮卡

皮卡(PICK-UP)又名轿卡。顾名思义，亦轿亦卡，是一种采用轿车车头和驾驶室，同时带有敞开式货车车厢的车型。其特点是既有轿车般的舒适性，又不失动力强劲，而且比轿车的载货和适应不良路面的能力还强。

最常见的皮卡车型是双排座皮卡，这种车型是目前保有量最大，也是人们在市场上见得最多的皮卡。

CKD汽车

CKD是英文Completely Knocked Down的缩写，意思是“完全拆散”。换句话说，CKD汽车就是进口或引进汽车时，汽车以完全拆散的状态进入，之后再把汽车的全部零部件组装成整车。我国在引进国外汽车先进技术时，一开始往往采取CKD组装方式，将国外先进车型的所有零部件买进来，在同内汽车厂组装成整车。

SKD汽车

SKD是英文Semi-Knocked Down的缩写，意思是“半散装”。换句话说，

SKD汽车就是指从国外进口汽车总成(如发动机、驾驶室和底盘等)，然后在国内汽车厂装配而成的汽车。SKD相当于人家将汽车做成“半成品”，进口后简单组装就成整车。

零公里汽车

零公里汽车是一个销售术语，指行驶里程为零（或里程较低，如不大于10km）的汽车，它的出现是为了满足客户对所购车辆“绝对全新”的要求。零公里表示汽车从生产线上下来后，还未有任何人驾驶过。为了保证里程表的读数为零，从生产厂到各销售点，均采用大型专用汽车运输，以保证车辆全新。

概念车

概念车由英文Conception Car意译而来。概念车不是将投产的车型，它仅仅是向人们展示设计人员新颖、独特和超前的构思而已。概念车还处在创意、试验阶段，很可能永远不投产。因为不是大批量生产的商品车，每一辆概念车都可以更多地摆脱生产制造水平方面的束缚，尽情地甚至夸张地展示自己的独特魅力。

概念车是时代的最新汽车科技成果，代表着未来汽车的发展方向，因此它展示的作用和意义很大，能够给人以启发并促进相互借鉴学习。因为概念车有超前的构思，体现了独特的创意，并应用了最新科技成果，所以它的鉴赏价值极高。

世界各大汽车公司都不惜巨资研制概念车，并在国际汽车展上亮相，一方面为了了解消费者对概念车的反映，从而继续改进；另一方面也是为

了向公众显示本公司的技术进步，从而提高自身形象。

老爷车

老爷车也叫古典车，一般指20年前或更老的汽车。老爷车是一种怀旧的产物，是人们过去曾经使用的，现在仍可以工作的汽车。

老爷车这一概念始于20世纪70年代，最早出现在英国的一本杂志上，这种说法很快得到老爷车爱好者的认同。不到10年功夫，关注老爷车的人就越来越多，致使老爷车的身价戏剧性地增长起来。例如，一辆1933年款式的美国求盛伯格汽车在拍卖行卖到100万美元，一辆布加迪老爷车卖到650万美元。

零排放汽车

零排放汽车是指不排出任何有害污染物的汽车，比如太阳能汽车、纯电动汽车、氢气汽车等。有时人们也把零排放汽车称为绿色汽车、环保汽车、生态汽车和清洁汽车等。

电动汽车

目前人们所说的电动汽车多是指纯电动汽车，即是一种采用单一蓄电池作为储能动力源的汽车。它利用蓄电池作为储能动力源，通过电池向电动机提供电能，驱动电动机运转，从而推动汽车前进。从外形上看，电动汽车与日常见到的汽车并没有什么区别，区别主要在于动力源及其驱动系统。

混合动力汽车

混合动力汽车就是在纯电动汽车上加装一套内燃机，其目的是减少汽车的污染，提高纯电动汽车的行驶里程。混合动力汽车有串联式和并联式两种结构形式。

燃气汽车

燃气汽车主要有液化石油气汽车(简称LPG汽车或LPGV)和压缩天然气汽车(简称CNG汽车或CNGV)。顾名思义，LPG汽车是以液化石油气为燃料，CNG汽车是以压缩天然气为燃料。燃气汽车的CO排放量比汽油车减少90%以上，碳氢化合物排放减少70%以上，氮氧化合物排放减少35%以上，是目前较为实用的低排放汽车。

汽车召回

所谓汽车召回(RECALL)，就是投放市场的汽车，发现由于设计或制造方面的原因存在缺陷，不符合有关的法规、标准，有可能导致安全及环保问题，厂家必须及时向国家有关部门报告该产品存在的问题、造成问题的原因和改善措施等，提出召回申请，经批准后对在用车辆进行改造，以消除事故隐患。目前实行汽车召回制度的国家有美国、日本、加拿大、英国和澳大利亚等。

V6发动机

汽车发动机常用缸数有3、4、5、6、8、10和12缸。排量1L以下的发动机常用3缸；1～2.5L一般为4缸发动机；3L左右的发动机一般为6缸；4L左右为8缸；5.5L以上用12缸发动机。二般来说，在同等缸径下，缸数越多，排量越大，功率越高；在同等排量下，缸数越多，缸径越小，转速可以提高，从而获得较大的提升功率。

气缸的排列形式主要有直列、V形和W形等。

一般5缸以下发动机的气缸多采用直列方式排列，少数6缸发动机也有直列方式的，过去也有过直列8缸发动机。直列发动机的气缸体成一字排开，缸体、缸盖和曲轴结构简单，制造成本低，低速转矩特性好，燃料消耗少，应用比较广泛，缺点是功率较低。一般1L以下的汽油机多采用3缸直列，1～2.5L汽油机多采用直列4缸，有的四轮驱动汽车采用直列6缸，因为其宽度小，可以在旁边布置增压器等设施。直列6缸的动平衡较好，振动相对较小，所以也为一些中、高级轿车所采用。6～12缸发动机一般采用V形排列，其中VIO发动机主要装在赛车上。V形发动机长度和高度尺寸小，布置起来非常方便，而且一般认为，V形发动机是比较高级的发动机，也成为轿车级别的标志之一。V8发动机结构非常复杂，制造成本很高，所以使用得较少。V12发动机过大过重，只有极个别的高级轿车采用。

目前最常见的发动机主要是直列4缸(L4)与V形6缸(V6)发动机。一般来说，V6发动机的排量较L4的为高，V6机比L4运行平稳、安静。L4机主要装在普通级轿车上，而V6机则装在中高档轿车上。

压缩比

压缩比是指气缸总容积与燃烧室容积的比值，它表示活塞从下止点移到上止点时气缸内气体被压缩的程度。压缩比是衡量汽车发动机性能指标的一个重要参数。

一般地说，发动机的压缩比愈大，在压缩行程结束时混合气的压力和温度就愈高，燃烧速度也愈快，因而发动机的功率愈大，经济性愈好。但压缩比过大时，不仅不能进一步改善燃烧情况，反而会出现爆燃、表面点火等不正常燃烧现象，又反过来影响发动机的性能。此外，发动机压缩比的提高还受到排气污染法规的限制。

排量

气缸工作容积是指活塞从上止点到下止点所扫过的气体容积，又称为单缸排量，它取决于缸径和活塞行程。发动机排量是各缸工作容积的总和，一般用毫升(mL)来表示。发动机排量是最重要的结构参数之一，它比缸径和缸数更能代表发动机的大小，发动机的许多指标都同排量密切相关。

功率

功率是指物体在单位时间内所做的功。在一定的转速范围内，汽车发动机的功率与发动机转速成非线性正比关系，转速越快功率越大，反之越小，它反映了汽车在一定时间内的做功能力。以同类型汽车作比较，功率越大转速越高，汽车的最高速度也越高。

发动机的输出功率同转速关系很大。随着转速的增加，发动机的功率也相应提高，但是到了一定的转速以后，功率反而呈下降趋势。一般在说明发动机最高输出功率的同时标出转速(r/min)，如73.5kW(5000r / min)，即在每分钟5000转时最高输出功率为73.5kW。

常用最大功率来描述汽车的动力性能。最大功率一般用马力(hp)或千瓦(kW)来表示，1hp等于0.735kW。

转矩

转矩是使物体发生转动的力。发动机的转矩就是指发动机从曲轴端输出的力矩。在功率固定的条件下它与发动机的转速成反比关系，转速越快转矩越小，反之越大，它反映了汽车在一定范围内的负载能力。在某些场合能真正反映出汽车的“本色”，例如起动时或在山区行驶时，转矩越高汽车运行的反应便越好。以同类型发动机轿车作比较，转矩输出愈大承载量愈大，加速性能愈好，爬坡能力愈强，换档次数愈少，对汽车的磨损也会相对减少。尤其在轿车零速起动时，更显示出转矩高者提升速度快的优越性。

发动机的转矩的表示方法是牛米(N·m)。同功率一样，一般在说明发动机最大输出转矩的同时也标出转速(r/min)。最大转矩一般出现在发动机的中、低转速的范围，随着转速的提高，转矩反而会下降。

多点电喷

汽车发动机的电喷装置一般是由喷油油路、传感器组和电子控制单元三大部分组成的。如果喷射器安装在原来化油器位置上，即整个发动机只有一个汽油喷射点，这就是单点电喷；如果喷射器安装在每个气缸的进气管上，即汽油的喷射是由多个地方(至少每个气缸都有一个喷射点)喷入气缸的，这就是多点电喷。

闭环控制

发动机电喷系统的闭环控制是一个实时的氧传感器、计算机和燃油量控制装置三者之间闭合的三角关系。氧传感器“告诉”计算机混合气的空燃比情况，计算机发出命令给燃油量控制装置，向理论值的方向调整空燃比(14.7∶1)。这一调整经常会超过一点理论值，氧传感器察觉出来，并报告计算机，计算机再发出命令调回到14.7∶1。因为每一个调整的循环都很快，所以空燃比不会偏离14.7∶1，一旦运行，这种闭环调整就连续不断。采用闭环控制的电喷发动机，由于能使发动机始终在较理想的工况下运行(空燃比偏离理论值不会太多)，从而能保证汽车不仅具有较好的动力性能，还能省油。

多气门

传统的发动机多是每缸一个进气门和一个排气门，这种二气门配气机构相对比较简单，制造成本也低，对于输出功率要求不太高的普通发动机来说，就能获得较为满意的发动机输出功率与转矩性能。排量较大、功率较大的发动机要采用多气门技术，最简单的多气门技术是三气门结构，即在一进一排的二气门结构基础上再加上一个进气门。近年来，世界各大汽车公司新开发的轿车大多采用四气门结构。四气门配气机构中，每个气缸各有两个进气门和两个排气门。四气门结构能大幅度提高发动机的吸气和排气效率，新款轿车大都采用四气门技术。

顶置凸轮轴(OHC)

发动机的凸轮轴安装位置有下置、中置和顶置三种形式。轿车发动机由于转速较快，每分钟可达5000转以上，为保证进排气效率，都采用进气门和排气门倒挂的形式，即顶置式气门装置，这种装置都适合用凸轮轴的三种安装形式。但是，如果采用下置式或者中置式的凸轮轴，由于气门与凸轮轴的距离较远，需要气门挺杆和挺柱等辅助零件，造成气门传动机件较多，结构复杂，发动机体积大，而且在高速运转下还容易产生噪声，而采用顶置式凸轮轴则可以改变这种现象。所以，现代轿车发动机一般都采用了顶置式凸轮轴，将凸轮轴配置在发动机的上方，缩短了凸轮轴与气门之间的距离，省略了气门的挺杆和挺柱，简化了凸轮轴到气门之间的传动机构，将发动机的结构变得更加紧凑。更重要的是，这种安装方式可以减少整个系统往复运动的质量，提高了传动效率。

按凸轮轴数目的多少，可分为单顶置凸轮轴(SOHC)和双顶置凸轮轴(DOHC)两种，由于中高档轿车发动机一般是多气门及V形气缸排列，需采用双凸轮轴分别控制进排气门，因此双顶置凸轮轴被不少名牌发动机所采用。

VTEC

VTEC系统全称是可变气门正时和升程电子控制系统，是本田的专有技术，它能随发动机转速、负荷和冷却液温度等运行参数的变化，而适当地调整配气正时和气门升程，使发动机在高、低速下均能达到最高效率。在VTEC系统中，其进气凸轮轴上分别有三个凸轮面，分别顶动摇臂轴上的三个摇臂，当发动机处于低转速或者低负荷时，三个摇臂之间无任何连接，左边和右边的摇臂分别顶动两个进气门，使两者具有不同的正时及升程，以形成挤气作用效果。此时中间的高速摇臂不顶动气门，只是在摇臂轴上做无效的运动。当转速不断提高时，发动机的各传感器将监测到的负荷、转速、车速以及冷却液温度等参数送到电脑中，电脑对这些信息进行分析处理。当达到需要变换为高速模式时，电脑就发出一个信号打开VTEC电磁阀，使压力机油进入摇臂轴内顶动活塞，使三只摇臂连接成一体，使两只气门都按高速模式工作。当发动机转速降低达到气门正时需要再次变换时，电脑再次发出信号，打开VTEC电磁阀压力开关，使压力机油泄出，气门再次回到低速工作模式。

VVT—i

VVT—i系统是丰田公司的智能可变气门正时系统的英文缩写，最新款的丰田轿车的发动机已普遍安装了VVT—i系统。丰田的VVT—i系统可连续调节气门正时，但不能调节气门升程。它的工作原理是：当发动机由低速向高速转换时，电子计算机就自动地将机油压向进气凸轮轴驱动齿轮内的小涡轮，这样，在压力的作用下，小涡轮就相对于齿轮壳旋转一定的角度，从而使凸轮轴在60度的范围内向前或向后旋转，从而改变进气门开启的时刻，达到连续调节气门正时的目的。

三元催化转化器

三元催化转化器，是安装在汽车排气系统中最重要的机外净化装置，它可将汽车尾气排出的CO、HC和NOx等有害气体通过氧化和还原作用转变为无害的二氧化碳、水和氮气。由于这种催化转化器可同时将废气中的三种主要有害物质转化为无害物质，故称为三元。

三元催化转化器的工作原理是：当高温的汽车尾气通过净化装置时，三元催化转化器中的净化剂将增强CO、HC和NOx三种气体的活性，促使其进行一定的氧化—还原化学反应，其中CO在高温下被氧化成为无色、无毒的二氧化碳气体；HC化合物在高温下被氧化成水(H_2O)和二氧化碳(CO_2)；NOx还原成氮气(N_2)和氧气(O_2)。三种有害气体变成无害气体，使汽车尾气得以净化。

涡轮增压

涡轮增压简称Turbo，如果在轿车尾部看到Turbo或者T，即表明该车采用的发动机是涡轮增压发动机。

涡轮增压器实际上是种空气压缩机，通过压缩空气来增加进气量。它是利用发动机排出的废气惯性冲力来推动涡轮室内的涡轮，涡轮又带动同轴的叶轮，叶轮压送由空气滤清器管道送来的空气，使之增压进入气缸。当发动机转速增快，废气排出速度与涡轮转速也同步增快，叶轮就压缩更多的空气进入气缸，空气的压力和密度增大可以燃烧更多的燃料，相应地增加燃料量就可以增加发动机的输出功率。

涡轮增压器的最大优点是能在不加大发动机排量的情况下就能较大幅度地提高发动机的功率及转矩，一般而言，加装增压器后的发动机的功率及转矩要增大20%～30%。涡轮增压器的缺点是滞后，即由于叶轮的惯性作用对油门骤时变化反应迟缓，使发动机延迟增加或减少输出功率，这对于要突然加速或超车的汽车而言，瞬间会有点提不上劲的感觉。

发动机防盗锁止系统

由于汽车门锁具有一定的互开率，降低了汽车的防盗功能，因此人们开发了发动机防盗锁止系统。对于已装有发动机防盗锁止系统的轿车，即使盗车贼能打开车门也无法开走轿车。典型的发动机防盗锁止系统是这样工作的：汽车点火钥匙内装有电子芯片，每个芯片内都装有固定的ID(相当于身份识别号码)，只有钥匙芯片的ID与发动机一侧的ID一致时，汽车才能起动，相反，如果不一致，汽车就会马上自动切断电路，使发动机无法起动。

空气阻力系数(CD)

汽车在行驶中由于空气阻力的作用，围绕着汽车重心同时产生纵向、侧向和垂直等三个方向的空气动力量，其中纵向空气力量是最大的空气阻力，大约占整体空气阻力的80%以上。空气阻力系数值是由风洞测试得出来的。

由于空气阻力与空气阻力系数成正比关系，现代轿车为了减少空气阻力就必须要考虑降低空气阻力系数。从20世纪50年代到70年代初，轿车的空气阻力系数维持在0.4～0.6。70年代能源危机后，各国为了进一步节约能源，降低油耗，都致力于降低空气阻力系数。现在轿车的空气阻力系数一般在0.28～0.4。

试验表明，空气阻力系数每降低10%，燃油节省7%左右。曾有人对两种相同质量、相同尺寸，但具有不同空气阻力系数(分别是0.44和0.25)的轿车进行比较，以每小时88km的时速行驶了100km，燃油消耗后者比前者节约了1.7L。

风洞

风洞就是用来产生人造气流(人造风)的管道。在这种管道中能造成一段气流均匀流动的区域，汽车风洞试验就在这段风洞中进行。汽车风洞中用来产生强大气流的风扇是很大的，比如奔驰公司的汽车风洞，其风扇直径就达8.5m，驱动风扇的电动功率高达4000kW，风洞内用来进行实车试验段的空气流速达270km／h。建造一个这样规模的汽车风洞往往需要耗资数亿美元，甚至10多亿，而且每做一次汽车风洞试验的费用也是相当大的。

汽车风洞有模型风洞、实车风洞和气候风洞等，模型风洞较实车风洞小很多，其投资及使用成本也相对小些。在模型风洞中只能对缩小比例的模型进行试验，其试验精度也相对低些。实车风洞则很大，建设费用及使用费用极高。目前世界上的实车风洞还不多，主要集中在日、美、德、法和意等国的大汽车公司。气候风洞主要是模拟气候环境，用来测定汽车的一般性能(如空洞性能等)的风洞。国外的汽车公司在进行汽车开发时，其车身大都是先制成1∶1的汽车泥模，然后在风洞中做试验，根据试验情况对车身各部分进行细节修改，使风阻系数达到设计要求，再用三维坐标测量仪测量车身外形，绘制车身图样，进行车身冲压模具的设计、生产等技术工作。

汽车导航系统(GPS)

GPS是以全球24颗定位人造卫星作基础，向全球各地全天候地提供三维位置、三维速度等信息的一种无线电导航和定位系统。GPS的定位原理是：用户接收卫星发射的信号，从中获取卫星与用户之间的距离、时钟校正和大气校正等参数，通过数据处理确定用户的位置。现在，民用GPS的定位精度可达10m以内。GPS具有的特殊功能很早就引起了汽车界人士的关注，当美国在海湾战争后宣布开放一部分GPS的系统后，汽车界立即抓住这一契机，投入资金开发汽车导航系统，对汽车进行定位和导向显示，并迅速投入使用。

汽车GPS导航系统由两部分组成：一部分由安装在汽车上的GPS接收机和显示设备组成；另一部分由计算机控制中心组成，两部分通过定位卫星进行联系。计算机控制中心是由机动车管理部门授权和组建的，它负责随时观察辖区内指定监控的汽车的动态和交通情况，因此整个汽车导航系统起码有两大功能：一个是汽车踪迹监控功能，只要将已编码的GPS接收装置安装在汽车上，该汽车无论行驶到任何地方都可以通过计算机控制中心的电子地图上指示出它的所在方位；另一个是驾驶指南功能，车主可以将各个地区的交通线路电子图存储在软盘上，只要在车辆接收装置中插入软盘，显示屏上就会立即显示出该车所在地区的位置及目前的交通状态，既可输入要去的目的地，预先编制出最佳的行驶路线，又可接受计算机控制中心的指令，选择汽车行驶的路线和方向。

定速巡航

定速巡航用于控制汽车的定速行驶，汽车一旦被设定为巡航状态时，发动机的供油量便由电脑控制，电脑会根据道路状况和汽车的行驶阻力不断地调整供油量，使汽车始终保持在所设定的车速行驶，而无需操纵加速踏板。目前巡航控制系统已成为中高级轿车的标准装备。

安全车身

为了减轻汽车碰撞时乘员的伤亡，在设计车身时着重加固乘客室部分，削弱汽车头部和尾部。当汽车碰撞时，头部或尾部被压扁变形并同时吸收碰撞能量，而客室不产生变形以便保证乘员安全。

安全玻璃

安全玻璃有两层钢化玻璃与夹层玻璃。钢化玻璃是在玻璃处于炽热状态下使之迅速冷却而产生预应力强度较高的玻璃，钢化玻璃破碎时分裂成许多无锐边的小块，不易伤人。夹层玻璃共有3层，中间层韧性强并有粘合作用，被撞击破坏时内层和外层仍粘附在中间层上，不易伤人。汽车用的夹层玻璃，中间层加厚一倍，有较好的安全性而被广泛采用。

预紧式安全带

预紧式安全带的特点是当汽车发生碰撞事故的一瞬间，乘员尚未向前移动时它会首先拉紧织带，立即将乘员紧紧地绑在座椅上，然后锁止织带防止乘员身体前倾，有效保护乘员的安全。预紧式安全带中起主要作用的卷收器与普通安全带不同，除了普通卷收器的收放织带功能外，还具有当车速发生急剧变化时，能够在0.1s左右加强对乘员的约束力，因此它还有控制装置和预拉紧装置。

控制装置分有两种：一种是电子式控制装置，另一种是机械式控制装置。预拉紧装置则有多种形式，常见的预拉紧装置是一种爆燃式的，由气体引发剂、气体发生剂、导管、活塞、绳索和驱动轮组成。当汽车受到碰撞时预拉紧装置受到激发后，密封导管内底部的气体引发剂立即自燃，引爆同一密封导管内的气体发生剂，气体发生剂立即产生大量气体膨胀，迫使活塞向上移动拉动绳索，绳索带动驱动轮旋转使卷收器卷筒转动，织带被卷在卷筒上，使织带被回拉。最后，卷收器会紧急锁止织带，固定乘员身体，防止身体前倾并避免与转向盘、仪表板和玻璃窗相碰撞。

安全气囊(SRS)

安全气囊是现代轿车上引人注目的高科技装置。安装了安全气囊装置的轿车转向盘，平常与普通转向盘没有什么区别，但一旦车前端发生了强烈的碰撞，安全气囊就会瞬间从转向盘内“蹦”出来，垫在转向盘与驾驶员之间，防止驾驶员的头部和胸部撞击到转向盘或仪表板等硬物上。安全气囊面世以来，已经挽救了许多人的性命。研究表明，有安全气囊装置的轿车发生正面撞车，驾驶者的死亡率，大型轿车降低了30%，中型轿车降低了11%，小型轿车降低了14%。

安全气囊主要由传感器、微处理器、气体发生器和气囊等部件组成。传感器和微处理器用以判断撞车程度，传递及发送信号；气体发生器根据信号指示产生点火动作，点燃固态燃料并产生气体向气囊充气，使气囊迅速膨胀，气囊容量约在50～90L。同时气囊设有安全阀，当充气过量或囊内压力超过一定值时会自动泄放部分气体，避免将乘客挤压受伤。

智能安全气囊

智能安全气囊就是在普通型的基础上增加了传感器装置，以探测出座椅上的乘员是儿童还是成年人，他们系好的安全带以及所处的位置是怎样的高度?通过采集这些数据，由电子计算机软件分析和处理控制安全气囊的膨胀，使其发挥最佳的作用，避免安全气囊出现不必要的膨胀，从而极大地提高了其安全防保作用。

智能安全气囊比普通型主要多了两个核心元件，即传感器及与之配套的计算机软件。

目前使用的传感器主要有：重量传感器，根据座椅上的重量感知是否有人，是大人还是小孩；电子区域传感器，能在驾驶室中产生一个低能量的电子区域，测量通过该区域的电流测定乘员的存在和位置；红外线传感器，根据热量探测人的存在，以区别于无生命的东西；光学传感器，如同一台照相机注视着座椅，并与存储的空座椅的图像进行比较，以判别人体的存在和位置；超声波传感器，通过发射超声波，然后分析遇到的物体后的反射波探明乘员的存在和位置。

设计开发智能安全气囊的另一个重要工作就是编制计算机软件。一般地说，计算机软件要能根据乘员的身材、体重、是否系好安全带、人在座椅上所处的位置、车辆碰撞时的车速以及撞击程度等，并在一瞬间就做出反应，调整安全气囊的膨胀时机、速度和程度，使安全气囊对乘客提供最合理和最有效的保护，特别是减少对儿童等身体矮小者的伤害。

乘员头颈保护系统(WHIPS)

WHIPS一般设置于前排座椅。当轿车受到后部的撞击时，头颈保护系统会迅速充气膨胀起来，其整个靠背都会随乘坐者一起后倾，乘坐者的整个背部和靠背安稳地贴近在一起，靠背则会后倾以最大限度地降低头部向前甩的力量，座椅的椅背和头枕会向后水平移动，使身体的上部和头部得到轻柔、均衡地支撑与保护，以减轻脊椎以及颈部所承受的冲击力，并防止头部向后甩所带来的伤害。

盘式制动器

盘式制动器又称为碟式制动器，顾名思义是取其形状而得名的。它由液压控制，主要零部件有制动盘、分泵、制动钳和油管等。制动盘用合金钢制造并固定在车轮上，随车轮转动。分泵固定在制动器的底板上固定不动，制动钳上的两个摩擦片分别装在制动盘的两侧，分泵的活塞受油管输送来的液压作用，推动摩擦片压向制动盘发生摩擦制动，动作起来就好像用钳子钳住旋转中的盘子，迫使它停下来一样。

盘式制动器散热快、重量轻、构造简单以及调整方便。特别是高负载时耐高温性能好，制动效果稳定，而且不怕泥水侵袭，在冬季和恶劣路况下行车，盘式制动比鼓式制动更容易在较短的时间内令车停下。有些盘式制动器的制动盘上还开了许多小孔，以加速通风散热和提高制动效率。

防抱死制动系统(ABS)

ABS是Anti-lock Braking System的缩写。世界上最早的ABS系统是首先在飞机上应用的，后来又成为高级轿车的标准配备，现在则大多数轿车都装有ABS。

众所周知，制动时不能一脚踩死，而应分步制动，一踩一松，直至汽车停下，但遇到紧急制动时，常需要汽车紧急停下来，很想一脚到底就把汽车停下，这时由于车轮容易发生抱死不转动，从而使汽车发生危险，比如前轮抱死引起汽车失去转弯能力，后轮抱死容易发生甩尾事故等。安装ABS就是为解决制动时车轮抱死这个问题的，装有ABS的汽车，能有效控制车轮保持在转动状态而不会抱死不转，从而大大提高了制动时汽车的稳定性及较差路面条件下的汽车制动性能。ABS是通过安装在各车轮或传动轴上的转速传感器等不断检测各车轮的转速，由计算机计算出当时的车轮滑移率(由滑移率来了解汽车车轮是否已抱死)，并与理想的滑移率相比较，做出增大或减小制动器制动压力的决定，命令执行机构及时调整制动压力，以保持车轮处于理想的制动状态。因此，ABS装置能够使车轮始终维持在有微弱滑移的滚动状态下制动，而不会抱死，达到提高制动效能的目的。

电子制动力分配系统(EBD)

EBD能够根据由于汽车制动时产生轴荷转移的不同，而自动调节前、后轴的制动力分配比例，提高制动效能，并配合ABS提高制动稳定性。汽车在制动时，四只轮胎附着的地面条件往往不一样。比如，有时左前轮和右后轮附着在干燥的水泥地面上，而右前轮和左后轮却附着在水中或泥水中，这种情况会导致在汽车制动时四只轮子与地面的摩擦力不一样，制动时容易造成打滑、倾斜和车辆侧翻的事故。EBD用高速计算机在汽车制动的瞬间，分别对四只轮胎附着的不同地面进行感应、计算，得出不同的摩擦力数值，使四只轮胎的制动装置根据不同的情况用不同的方式和力量制动，并在运动中不断地高速调整，从而保证车辆的平稳和安全。

牵引力控制系统(TCS)

TCS又称循迹控制系统。汽车在光滑路面上制动时，车轮会打滑，甚至使转向失控。同样，汽车在起步或急加速时，驱动轮也有可能打滑，在冰雪等光滑路面上还会使转向失控而出危险。

TCS依靠电子传感器探测到从动轮速度低于驱动轮时(这是打滑的特征)，就会发出一个信号，调节点火时间、减小气门开度、降档或制动车轮，从而使车轮不再打滑。

TCS可以提高汽车行驶的稳定性，提高加速性，提高爬坡能力。原来只是豪华轿车上才安装TCS，现在许多普通轿车上也有。

TCS如果和ABS相互配合使用，将进一步增强汽车的安全性能。TCS和ABS可共用车轴上的轮速传感器，并与行车电脑连接，不断监视各轮转速，当在低速发现打滑时，TCS会立刻通知ABS动作来减低此车轮的打滑。若在高速发现打滑时，TCS立即向行车电脑发出指令，指挥发动机降速或变速器降档，使打滑车轮不再打滑，防止车辆失控甩尾。

电子稳定装置(ESP)

电子稳定装置(Electronic Stability Program，简称ESP)是由奔驰汽车公司首先应用在它的A级车上的。ESP实际上是一种牵引力控制系统，与其他牵引力控制系统比较，ESP不但控制驱动轮，而且还可以控制从动轮。如后轮驱动汽车常出现的转向过多情况，此时因后轮失控而甩尾，ESP便会制动外侧的前轮来稳定车子；在转向过少时，为了校正循迹方向，ESP则会制动内后轮，从而校正行驶方向。

自动变速器

自动变速器具有操作容易、驾驶舒适、能减少驾驶者疲劳的优点，已成为现代轿车配置的一种发展方向。装有自动变速器的汽车能根据路面状况自动变速变矩，驾驶者可以全神贯地注视路面交通而不会被换档搞得手忙脚乱。

汽车自动变速器常见的有三种形式：分别是液力自动变速器(AT)、机械无级自动变速器(CVT)、电控机械自动变速器(AMT)。目前轿车普遍使用的是AT，AT几乎成为自动变速器的代名词。

AT是由液力变矩器、行星齿轮和液压操纵系统组成，通过液力传递和齿轮组合的方式来达到变速变矩。其中液力变矩器是最重要的部件，它由泵轮、涡轮和导轮等构件组成，兼有传递转矩和离合的作用。

自动变速器的档位

一般来说，自动变速器的档位分为P 、R 、N 、D 、2 、1 或L 等。P(Parking)：用作停车之用，它是利用机械装置去锁紧汽车的转动部分，使汽车不能移动。当汽车需要在一固定位置上停留一段较长时间，或在停靠之后离开车辆前，驾驶员应该拉好手制动及将变速杆推进P位。要注意的是：车辆一定要在完全停止时才可使用P位，要不然自动变速器的机械部分会受到损坏。另外，自动变速轿车上装置空档起动开关，使得汽车只能在P位或N位才能起动发动机，以避免在其他档位上误起动时使汽车突然前窜。

R(Reverse)：倒档，车辆倒后之用。通常要按下变速杆上的保险按钮，才可将变速杆移至R位。要注意的是：当车辆尚未完全停定时，绝对不可以强行转至R位，否则变速器会受到严重损坏。

N(Neutral)：空档。将变速杆置于N位上，发动机与变速器之间的动力已经切断分离。如果短暂停留可将变速杆置于此档并拉出手制动杆，右脚可移离制动踏板稍作休息。

D(Drive)：前进位，用在一般道路行驶。由于各国车型有不同的设计；所以D位一般包括从1档至高档或者2档至高档，并会因车速及负荷的变化而自动换档。将变速杆放置在D位上，驾车者控制车速快慢只要控制好加速踏板就可以了。

2(Second Gear)：2档为前进档，但变速器只能在1档、2档之间变换，不会跳到3档和4档。将变速杆放置在2档位，汽车会由1档起步，当速度增加时会自动转2档。2档可以用作上、下斜坡之用，此档段的好处是当上斜或下斜时，车辆会稳定地保持在1档或2档位置，不会因上斜的负荷或车速的不平衡、令变速器不停地转档。在下斜坡时，利用发动机低转速的阻力作制动，也不会令车子越行越快。

1(First Cear)：1档也是前进档，但变速器只能在1档内工作，不能变换到其他档位。它用在严重交通堵塞的情况和斜度较大的斜坡上最能发挥功用。上斜坡或下斜坡时，可充分利用汽车发动机的转矩。

手动/自动一体式变速器

手动／自动一体式变速器是在自动变速器的基础上配以手动换档功能而成。装有手动／自动一体式变速器的汽车在任何时刻都可以进行自动换档与手动换档的切换。同时，在仪表板上显示档位状态，从而可以自由选择自动变速器的舒适和手动变速器的动感。装有手动／自动一体式变速器的汽车，手动换档不需要踩离合器，换档是通过变速杆的推拉来完成的，使人们在推拉的瞬间即可享受手动换档的驾驶乐趣。国产轿车中装有手动／自动一体式变速器的汽车有奥迪A6(2.8L)、帕萨特(2.8L)及奥德赛等。

悬架

悬架是汽车的车架与车桥或车轮之间的一切传力连接装置的总称，其作用是传递作用在车轮和车架之间的力和力矩，并且缓冲由不平路面传给车架或车身的冲击力，并衰减由此引起的振动，以保证汽车能平顺地行驶。

典型的悬架结构由弹性元件、导向机构以及减振器等组成，个别结构则还有缓冲块、横向稳定杆等。弹性元件又有钢板弹簧、空气弹簧、螺旋弹簧以及扭杆弹簧等形式，而现代轿车悬架多采用螺旋弹簧和扭杆弹簧，个别高级轿车则使用空气弹簧。

悬架是汽车中的一个重要总成，它把车架与车轮弹性地联系起来，关系到汽车的多种使用性能。从外表上看，轿车悬架仅是由一些杆、筒以及弹簧组成，但千万不要以为它很简单，相反轿车悬架是一个较难达到完美要求的汽车总成，这是因为悬架既要满足汽车的舒适性要求，又要满足其操纵稳定性的要求，而这两方面又是互相对立的。比如，为了取得良好的舒适性，需要大大缓冲汽车的振动，这样弹簧就要设计得软些，但弹簧软了却容易使汽车发生制动“点头”、加速“抬头”以及左右侧倾严重的不良倾向，不利于汽车的转向，容易导致汽车操纵不稳定等。

非独立悬架

非独立悬架的结构特点是两侧车轮由一根整体式车架相连，车轮连同车桥一起通过弹性悬架悬挂在车架或车身的下面。非独立悬架具有结构简单、成本低、强度高、保养容易以及行车中前轮定位变化小的优点，但由于其舒适性及操纵稳定性都较差，在现代轿车中基本上已不再使用，多用在货车和大客车上。

独立悬架

独立悬架是每一侧的车轮都是单独地通过弹性悬架悬挂在车架或车身下面的。其优点是：质量轻，减少了车身受到的冲击，并提高了车轮的地面附着力；可用刚度小的较软弹簧，改善汽车的舒适性；可以使发动机位置降低，汽车重心也得到降低，从而提高汽车的行驶稳定性；左右车轮单独跳动，互不相干，能减小车身的倾斜和振动。不过，独立悬架存在着结构复杂、成本高和维修不便的缺点。现代轿车大都是采用独立式悬架，按其结构形式的不同，独立悬架又可分为横臂式、纵臂式、多连杆式、烛式以及麦弗逊式独立悬架等。

横臂式悬架

横臂式悬架是指车轮在汽车横向平面内摆动的独立悬架，按横臂数量的多少又分为双横臂式和单横臂式悬架。

单横臂式具有结构简单，侧倾中心高，有较强的抗侧倾能力的优点。但随着现代汽车速度的提高，侧倾中心过高会引起车轮跳动时轮距变化大，轮胎磨损加剧，而且在急转弯时左右车轮垂直力转移过大，导致后轮外倾增大，减少了后轮侧偏刚度，从而产生高速甩尾的严重工况。单横臂式独立悬架多应用在后悬架上，但由于不能适应高速行驶的要求，目前应用不多。

双横臂式独立悬架按上下横臂是否等长，又分为等长双横臂式和不等长双横臂式两种悬架。等长双横臂式悬架在车轮上下跳动时，能保持主销倾角不变，但轮距变化大(与单横臂式相类似)，造成轮胎磨损严重，现已很少用。对于不等长双横臂式悬架，只要适当选择、优化上下横臂的长度，并通过合理的布置，就可以使轮距及前轮定位参数变化均在可接受的限定范围内，保证汽车具有良好的行驶稳定性。目前不等长双横臂式悬架已广泛应用在轿车的前后悬架上，部分运动型轿车及赛车的后轮也采用这一悬架结构。

多连杆式悬架

多连杆式悬架是由3～5根杆件组合起来控制车轮的位置变化的悬架。多连杆式能使车轮绕着与汽车纵轴线成一定角度的轴线内摆动，是横臂式和纵臂式的折中方案，适当地选择摆臂轴线与汽车纵轴线所成的夹角，可不同程度地获得横臂式与纵臂式悬架的优点，能满足不同的使用性能要求。多连杆式悬架的主要优点是：车轮跳动时轮距和前束的变化很小，不管汽车是在驱动、制动状态都可以按驾驶员的意图进行平稳地转向，其不足之处是汽车高速时有轴摆动现象。

纵臂式悬架

纵臂式独立悬架是指车轮在汽车纵向平面内摆动的悬架结构，又分为单纵臂式和双纵臂式两种形式。单纵臂式悬架当车轮上下跳动时会使主销后倾角产生较大的变化，因此单纵臂式悬架不用在转向轮上。双纵臂式悬架的两个摆臂一般做成等长的，形成一个平行四杆结构，这样，当车轮上下跳动时主销的后倾角保持不变。双纵臂式悬架多应用在转向轮上。

烛式悬架

烛式悬架的结构特点是车轮沿着刚性地固定在车架上的主销轴线上下移动。烛式悬架的优点是：当悬架变形时，主销的定位角不会发生变化，仅是轮距、轴距稍有变化，因此特别有利于汽车的转向操纵稳定和行驶稳定。但烛式悬架有一个大缺点就是汽车行驶时的侧向力会全部由套在主销套筒的主销承受，致使套筒与主销间的摩擦阻力加大，磨损也较严重。烛式悬架现已应用不多。

麦弗逊式悬架

麦弗逊式悬架的车轮也是沿着主销滑动的悬架，但与烛式悬架不完全相同，它的主销是可以摆动的，麦弗逊式悬架是摆臂式与烛式悬架的结合。与双横臂式悬架相比，麦弗逊式悬架的优点是：结构紧凑，车轮跳动时前轮定位参数变化小，有良好的操纵稳定性，加上由于取消了上横臂，给发动机及转向系统的布置带来方便；与烛式悬架相比，它的滑柱受到的侧向力又有了较大的改善。麦弗逊式悬架多应用在中小型轿车的前悬架上，保时捷911、国产奥迪、桑塔纳、夏利和富康等轿车的前悬架均为麦弗逊式独立悬架。虽然麦弗逊式悬架并不是技术含量最高的悬架结构，但它仍是一种经久耐用的独立悬架，具有很强的道路适应能力。

主动悬架

主动悬架是近十几年发展起来的、由电脑控制的一种新型悬架。它汇集了力学和电学的技术知识，是一种比较复杂的高科技装置。例如装置了主动悬架的法国雪铁龙桑蒂雅，该车悬架系统的中枢是一个微电脑，悬架上的5种传感器分别向微电脑传送车速、前轮制动压力、踏动加速踏板的速度、车身垂直方向的振幅及频率、转向盘角度及转向速度等数据。电脑不断接收这些数据并与预先设定的临界值进行比较，选择相应的悬架状态。同时，微电脑独立控制每一只车轮上的执行元件，通过控制减振器内油压的变化产生抽动，从而能在任何时候、任何车轮上产生符合要求的悬架运动。因此，桑蒂雅轿车备有多种驾驶模式选择，驾车人只要扳动位于副仪表板上的“正常”或“运动”按钮，轿车就会自动设置在最佳的悬架状态，以求最好的舒适性能。

主动悬架具有控制车身运动的功能。当汽车制动或拐弯时的惯性引起弹簧变形时，主动悬架会产生一个与惯性力相对抗的力，减少车身位置的变化。例如德国奔驰2000款C1型跑车，当车辆拐弯时悬架传感器会立即检测出车身的倾斜和横向加速度。电脑根据传感器的信息，与预先设定的临界值进行比较计算，立即确定在什么位置上将多大的负载加到悬架上，使车身的倾斜减到最小。

无内胎轮胎

顾名思义，无内胎轮胎就是没有内胎的轮胎。无内胎轮胎俗称原子胎或真空胎，这种轮胎是利用轮胎内壁和胎圈的气密层保证轮胎与轮辋间良好的气密性，外胎兼起内胎的作用。无内胎轮胎的特点是：无内胎，轮胎变得更轻，有利于汽车的高速行驶；由于轮胎气密层是将一层内膜紧粘在轮胎内壁上，使轮胎在高速行驶中不易聚热，当轮胎受到钉子或尖锐物穿破后，还可继续行驶一段距离。

智能轮胎

智能轮胎内装有计算机芯片，或将计算机芯片与胎体相连接，它能自动监控并调节轮胎的行驶温度和气压，使其在不同情况下都能保持最佳的运行状态，既提高了安全系数，又节省了开支。估计若干年后的智能轮胎能探测出路面的潮湿后改变轮胎的花纹，以防打滑。

四轮转向

所谓四轮转向，是指后轮也和前轮一样具有一定的转向功能，不仅可以与前轮同方向转向，也可以与前轮反方向转向。其主要目的是增强轿车在高速行驶或在侧向风力作用下的操纵稳定性，改善低速时的操纵轻便性，在轿车高速行驶时便于由一个车道向另一个车道的移动调整，以减少调头时的转弯半径。

非承载式车身

非承载式车身的汽车有一刚性车架，又称底盘大梁架。在非承载式车身中发动机、传动系统的一部分、车身等总成部件都是用悬架装置固定在车架上，车架通过前后悬架装置与车轮连接。非承载式车身比较笨重，质量大，高度高，一般用在货车、客车和越野吉普车上，也有部分高级轿车使用，因为它具有较好的平稳性和安全性。

承载式车身

承载式车身的汽车没有刚性车架，只是加强了车头、侧围、车尾和底板等部位，发动机、前后悬架和传动系统的一部分等总成部件装配在车身上设计要求的位置，车身负载通过悬架装置传给车轮。承载式车身除了其固有的乘载功能外，还要直接承受各种负荷力的作用。承载式车身不论在安全性还是在稳定性方面都有很大的提高，它具有质量小、高度低以及装配容易等优点，大部分轿车采用这种车身结构。

侧门防撞杆

众所周知，当汽车受到侧面撞击时，车门很容易受到冲击而变形，从而直接伤害到车内乘员。为了提高汽车的安全性能，不少汽车公司就在汽车两侧门夹层中间放置一两根非常坚固的钢梁，这就是常说的侧门防撞杆。防撞杆的防撞作用是：当侧门受到撞击时，坚固的防撞杆能大大减轻侧门的变形程度，从而能减少汽车撞击对车内乘员的伤害。

智能空调

智能空调系统能根据外界气候条件，按照预先设定的指标对安装在车内的温度、湿度以及空气清洁度传感器所传来的信号进行分析、判断，及时自动打开制冷、加热、去湿及空气净化等功能。在先进的安全汽车中，其空调系统还与其他系统(如驾驶员打瞌睡警报系统)相结合，当发现驾驶员精神不集中、有打瞌睡迹象时，空调能自动散发出使人清醒的香气。

智能钥匙

奔驰CLK双门轿车已采用了智能钥匙，这种智能钥匙能发射出红外线信号，既可打开一个或两个车门、行李箱和燃油加注孔盖，也可以操纵汽车的车窗和天窗，更先进的智能钥匙则像一张信用卡，当驾驶员触到门把手时，中央锁控制系统便开始工作，并发射一种无线查询信号，智能钥匙卡做出正确反应后，车锁便自动打开。只有当中央处理器感知钥匙卡在汽车内时，发动机才会起动。

防眩目后视镜

防眩目后视镜一般安装在车厢内，它由一面特殊镜子和两个光敏二极管及电子控制器组成，电子控制器接收光敏二极管送来的前射光和后射光信号。如果照射灯光照射在车内后视镜上，如后面灯光大于前面灯光，电子控制器将输出一个电压到导电层上。导电层上的这个电压改变镜面电化层颜色，电压越高，电化层颜色越深，此时即使再强的照射光照到后视镜上，经防眩目车内后视镜反射到驾驶员眼睛上则显示暗光，不会耀眼。镜面电化层使反射光根据后方光线的入射强度，自动持续变化以防止眩目。当车辆倒车时，防眩目车内后视镜防眩功能被解除，右外后视镜自动照射地面。

高位制动灯

一般的制动灯是装在车尾两边，当驾车员踩下制动踏板时，制动灯即亮起，并发出红色光，提醒后面的车辆注意，不要追尾。当驾车员松开制动踏板时制动灯即熄灭。

高位制动灯也称为第三制动灯，它一般装在车尾上部，以便后方车辆能及早发现前方车辆而实施制动，防止发生汽车追尾事故。由于汽车已有左右两个制动灯，因此人们习惯上也把装在车尾上部的高位制动灯称为第三制动灯。

雨量传感器

雨量传感器暗藏在前风窗玻璃后面，它能根据落在玻璃上雨水量的大小来调整刮水器的动作，因而大大减少了开车人的烦恼。雨量传感器不是以几个有限的档位来变换刮水器的动作速度，而是对刮水器的动作速度做无级调节。它有一个被称为LED的发光二极管负责发送远红外线，当玻璃表面干燥时，光线几乎是100%地被反射回来，这样光电二极管就能接收到很多的反射光线。玻璃上的雨水越多，反射回来的光线就越少，其结果是刮水器动作越快。